小学校英語サポートBOOKS

英語が好き
になる！

楽しく
話せる！

英語ICT教材 & アクティビティ 50

加藤 拓由・栄利 滋人 著

明治図

JN041913

はじめに

　GIGA スクール構想が始まってから，『絶対成功する，ICT を使った授業！』や『誰でもできる，タブレットの活用方法！』のようなタイトルの書籍が巷にあふれています。先生方は，日々の授業で ICT を活用したい，児童がタブレットを活用して学べるようにしたいと考えて，各地の研修会などにも参加していることでしょう。しかし，どんなに書籍を読んでも，実際に授業で ICT を使ってみると，全然うまくいかない，児童がすぐに飽きてしまう，そんな経験があるのではないでしょうか？　小中学校の授業を，パソコンの操作にたとえてみます。新しいパソコンを購入したら，マニュアルを読んで設定の方法を知ります。これは授業でいえば「指導観」や「指導哲学」の見直しにあたるものです。また，パソコンを動かすためには OS（オペレーティングシステム）が重要です。OS を最新のものに更新していかないと，パソコンはうまく動かなくなったり，動きが遅くなったりします。これは，「授業設計」の工夫にあたるものです。さらに，パソコンを活用するには，ソフトをインストールする必要があります。これは，授業でいえば，「教材」や「指導法」の研究にあたるものです。

　いろいろな書籍を読んでも，なかなか ICT 活用がうまく進まないのは，古いマニュアルを読みながら，10年以上前の OS を搭載したパソコンに，最新鋭の機能を備えたソフトをインストールしようとすることと似ています。これでは，どれだけ待ってもパソコンにソフトがインストールされず，マニュアルを参照しても解決方法が見当たらないはずです。では，授業で ICT を活用できるようにするには，どうしたらよいのでしょうか？

　まずは，なぜ，ICT を使った授業を進める必要があるのか，ICT を使った授業でどんなことができるようになるのか，つまり「指導観」や「授業哲学」に関する，最新マニュアルに目を通す必要があります。しかし，忙しい先生方にとって，マニュアルを読む時間を見つけるのも大変です。そんな場合には，動画視聴をおすすめします。通勤中の車内で音声を聞くだけでも十

分です。文部科学省の mextchannel では，『GIGA スクール構想×○○』[*1]という動画番組を提供しています。

　次は，OS の更新です。最新マニュアルを確認して，新しい指導観や指導哲学を学んだら，それに合わせて OS をアップデートします。ICT を授業のどの場面で，どんな使い方をするのが効果的なのかを学び，授業設計に役立てるのです。これには，文部科学省が公開している『StuDX Style』[*2]の Web サイトが参考になります。様々な教科や領域で，ICT を活用した授業づくりの最新事例を調べることができます。

　そして，いよいよソフトウェアやアプリのインストールです。最新の授業設計の中で，具体的にどんな教材や活動を行っていけばよいのかを知る必要があります。そのためには，本書『英語が好きになる！楽しく話せる！英語 ICT 教材＆アクティビティ50』をおすすめします。本書には，小学校外国語の現場で ICT を使った授業に長年取り組んできた教師が，活動の目的や場面，状況に合わせてどんな教材が使えるか，具体的に解説しています。また，各活動には，ダウンロードして授業でそのまま使える ICT 教材がついています。先生方がご自身の端末で読み込み，教室のモニターなどに映して指導用教材として即活用できます。また，児童が自分たちの端末で ICT 教材を使えば，自分で音声を聞きながら新しい表現に慣れ親しんだり，友達とペアやグループで協働的に学んだりする場面にも利用できます。本書を活用して，先生方や児童が気軽に，楽しく ICT を活用した授業が進められることを願っています。

2023年8月

加藤拓由

＊1　https://www.youtube.com/playlist?list=PLGpGsGZ3lmbBokz-YGLEtTtW1J3w0Z2ql
＊2　https://www.mext.go.jp/studxstyle/index2.html

CONTENTS

Prologue　絶対成功する！ICT 教材活用のポイント5

Chapter_01　話す活動を取り入れた 英語 ICT 教材＆アクティビティ16

Chapter_02　聞く活動を取り入れた
英語 ICT 教材＆アクティビティ16

Chapter_03　読む活動を取り入れた
英語 ICT 教材＆アクティビティ8

Chapter_04 書く活動を取り入れた
英語 ICT 教材＆アクティビティ 6

Chapter_05 発音＆綴りに慣れ親しむ
英語 ICT 教材＆アクティビティ 4

この本の使い方

Prologue 絶対成功する！ICT 教材活用のポイント5

授業での ICT 教材活用のポイントを，
詳しく解説します。

活用ポイントを押さえると，どう授業
が変わるのか，Before & After 形式で
解説します。

英語 ICT 教材＆アクティビティ

　話すこと，聞くこと，読むこと，書くこと，発音＆綴りの５つのカテゴリーに分けて，50の教材＆アクティビティを紹介しています。

①

時間，英語表現，準備物から，活動のねらい，手順まで，活動内容がまるごとわかります。

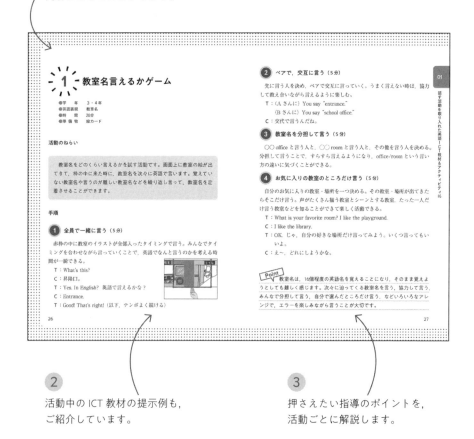

②

活動中の ICT 教材の提示例も，ご紹介しています。

③

押さえたい指導のポイントを，活動ごとに解説します。

ICT 教材の使い方

ICT 教材は，右の QR コードより
ダウンロードできます。

1 教材をダウンロード（コピー）する。

小学校英語倉庫 GIGA のページでは，
本書の章ごとに教材をまとめて，掲載
しています。

・Chapter_01　話す活動
・Chapter_02　聞く活動
・Chapter_03　読む活動
・Chapter_04　書く活動
・Chapter_05　発音＆綴り

各章のアイコンをクリックすると，

・iPad 教材
・Chromebook 教材

が選べるページになります。

「話す活動」→「iPad 教材」のように
クリックすると，教材掲載ページにな
ります。

教材は，本書掲載のゲーム順に掲載し
ています。

iPad 教材

（Chapter_01　話す活動「1　教室名言えるかゲーム」の場合）

① 「1　教室名言えるかゲーム」を選択する。

② 茶色の2枚の扉の画像が表示される。右上の下向き矢印（ 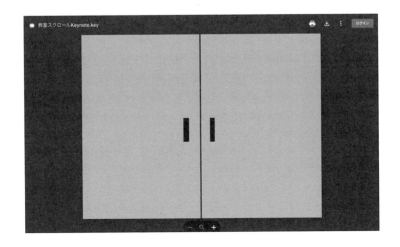 ）をタップする。

③ 「教室スクロール Keynote. key をダウンロードしますか？」で「ダウンロード」を選んでダウンロードする。

④ 青○の下向き矢印（ ↓ ）をタップする。ダウンロードの下にあるファイル名をタップする。

⑤ 「Keynote」でファイルを開いた後，▶をクリックするとプレゼンテーションが始まる。

Chromebook 教材

（Chapter_01　話す活動「1　教室名言えるかゲーム」の場合）

① 「話す ICT 活用」の「Chromebook 教材」を選択する。

② 「1　教室名言えるかゲーム」を選択する。

③ Google スライド（Google Jamboard などの場合もある）で開く。

④ 「コピーを作成」を選択して，ダウンロードする。

⑤ 「スライドショーを開始」→「▶」をクリックでスライドショーが始まる。

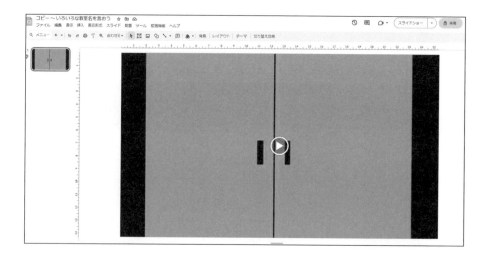

絶対成功する！
ICT 教材活用の
ポイント
5

1 ネイティブ音声を何度も聞きたくなる 「しかけ」をする

外国語の授業で，新しい語彙や表現を導入する際，教師の後に続いて繰り返し言わせ，覚えさせようとしていませんか。意味もわからないことばを，ひたすら繰り返しても，児童の頭の中には何も残りません。

しかし，それらの語彙や表現をある程度練習しないと，言えるようにはならないのも事実です。では，どうすればよいのでしょうか？

「教える」のではなく，「聞かせる」

外国語の学習には理解可能な良質のインプットが欠かせないことが，様々な研究からわかっています。大切なのはどうやってインプットするかです。

そのためには，「教える」より「聞かせる」ようにしてはどうでしょう？

教師が「英語でこう言うんですよ」と教え込むのではなく，いつの間にか耳に馴染んでつぶやいていたり，児童が「どう言うんだったっけ？」と主体的に何度も聞いてみようとしたりする「しかけ」をつくるのです。

本書で扱う教材には，イラストとともに，ネイティブの音声が聞こえてくるものもあります。児童は，自分が聞いてみたい単語や表現を繰り返しタッチして，音声を聞きながら繰り返します。自分が苦手なことばや，言い慣れないことばだけを繰り返せばよいので，練習も効率的で定着も早いのです。

ICTを活用した学習のメリットの一つが，指導の個別化・学習の個性化と相性がよいことです。「知識・技能」の定着を効率的に行い，その分の時間を「思考力・判断力・表現力」を高める協働的な学びの時間に使えば，より質の高い言語活動を行うことができます。

意味もわからないことばを，児童にひたすら繰り返させる

イラストを見ながら，自分で選んで聞きながら繰り返す

2 シンプルでわかりやすく手軽に使えるようにする

　外国語の授業では，カードを使って活動することがあります。教科書のカードを使う場合，児童に切り取らせると，非常に時間がかかります。また，切り取ったカードの保管が面倒で，カードを紛失してしまうケースが散見されます。さらに，教科書のカードはイラストで描かれているので，使わせたいカードのイメージと少し違うと感じることも多いのではないでしょうか。

「デジタルカード」の強みを活かす！

　デジタルの強みは，使ったカードを元の状態に戻したり，途中で保存したり，新たに追加したりすることができることで，教材準備の手間が省けます。

　デジタルカードを自分で作るのもよいのですが，これはなかなか手間がかかる作業です。また，著作権保護の観点から，教材作成者以外の人がコピーして使用することは問題が生じる可能性もあります。

　その点，本書のデジタルカードは，筆者が教室で児童に身近な語彙を授業で実践しながら選んだもので，しかも手書きで作成したイラストであるため，ダウンロードしたものは，誰でも自由に使用できます（「ICT教材の使い方（pp.9-12）」参照）。

　児童は，ずらりと並んだピザのトッピングを見て楽しそうに材料を考えながらピザを作成し，英語で紹介したり，テレビ会議アプリのカメラで校内を英語で案内したりすることもできます。また，高学年の英語の語順の学習ではカードにタッチして，それぞれの音声を確認し，カードを並べ替えたりしながら，文字と音の関係にも慣れ親しませることができます。

教材のカードづくりに，相当な時間がかかる

画面のイラストをタッチし，自由自在にピザを作成する

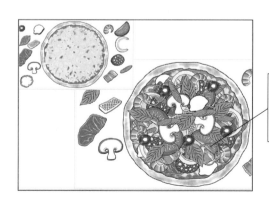

材料を増やしたり大きさを変えたりすることができる。

17

3 やってみたい！自分でも，できるかも!! と思わせる

　学校では，外国語の授業だけでなく様々な授業で，１人１台端末の活用が進んでいます。しかし，端末の使用方法について，細かく指導している先生もいれば，児童の自由に任せているケースもあります。

　すべての児童が，小学校外国語の授業で，端末の様々な機能を活用して，自分たちで ICT を使えるようにするには，どうすればよいのでしょうか？

友達に聞く，友達がやっているのを見る！

　ICT 機器の活用は，使い方に慣れた人に聞くか，他の人がやっているのを見て真似をするに限ります。児童は，はじめ「どうやって使うのかな？」と周りを見回していても，「あんなふうにやるんだ」と自然に真似をします。使ってみると，「録音すると面白い」「ねえ，スライドはどうやって作ればいいの？」「そっか，画像はこうやって貼り付けるんだ」というように，友達に聞きながら活動を始めます。ICT のメリットは，教材を通して，自然と協働的な学びが生まれるところにあります。共有の機能を使うと，友達と作ったものを見合ったり，同じ画面を共有して一緒に作成したり，分担して同時に作業をしたりしながら，自然に協働的な活動となっていきます。児童が互いに「助けて！」「いいよ！」と言える関係性は育っているでしょうか。授業は「安心・安全」に過ごせる学級経営が行われていることが前提となります。また，「失敗したらどうしよう？」と「不安」になりやすい外国語授業を支えるのは，全員が同じ条件で簡便に使え，教え合って学べる ICT 活用です。難しい課題も，友達と一緒に ICT の音声サポートを使ってなら，挑戦してみようと思えるのです。

Before こんな場面，ありませんか？

「自由にやってよい」と言われても……

タブレットで自由にやってね。

何をどう使えば……？

After こんなふうに変えてみませんか？

いつでも友達に聞ける環境をつくる

ねえ，教えて！

一緒にやってみよう！

4 リアルに近づける！ 本物っぽい体験ができる

　外国語の授業では，パフェやピザなどの材料を絵カードなどでやり取りさせた後，その食材を使って，ワークシートにオリジナルパフェやオリジナルピザを作らせる活動があります。

　しかし，小学生でも，やはり絵カードの食材を並べただけでは，臨場感に欠けた「ごっこ遊び」のような感覚になってしまうことが多いです。

本物っぽい，「疑似体験」をつくる！

　本物を使ってやり取りしたいところですが，それが難しい場合，ICT を活用して，少しでもリアルに近い「疑似体験」ができるようにします。

　また，どの教科書にもある「道案内」の単元では，児童は，実際にはなかなか存在しない，縦横が長方形の碁盤の目のようになった二次元的な地図を使ってやり取りしているため，方向感覚や距離感など，リアルな世界の道案内とはかけ離れたものになっていないでしょうか？

　本書で紹介した ICT 教材のイラストは，すべて筆者が作成したオリジナルイラストです。タブレット上の食材は，その場でコピーすればいくつも素材を増やすことができます。また，指で大きさを変更すれば，実際の食材にマッチしたリアル感のある，美味しそうなピザを作成することもできます。

　教室名の単元でも，児童がそれぞれのタブレット上の教室案内のイラストを見ながら，やり取りすることができます。また，学校内の施設を英語で案内する時は，タブレットをオンラインテレビ会議で接続し，案内される側の児童が，英語の指示を聞いて，タブレットで撮影しながら校内を歩いて回り，臨場感のある案内をすることができるのです。

こんな場面，ありませんか？

場面や状況の設定が，いまいち，本物感がない……

こんなふうに変えてみませんか？

イラストを動かしたり，加工したりして，リアルなやり取りをする

21

Point 5 文字やイラストを並べ替えるだけで 文構造が身につく

　小学校学習指導要領解説には，「書くこと」の目標について，「語順を意識しながら音声で十分に慣れ親しんだ簡単な語句や基本的な表現を書き写すことができるようにする」「自分のことや身近で簡単な事柄について，例文を参考に（中略）書くことができるようにする」と示されています。しかし，実際に英文を書かせてみると，「間違っていたらどうしよう」という不安な気持ちで取り組んでいる児童も多いものです。

並べ替えさせて考える。並べ替えているうちに覚える！

　また，「書くこと」は指導者の側からいうと，個人差が大きく指導が難しいことが難点です。「書くこと」に慣れていない児童は，一つひとつの文字をじっくりと見ながら，丁寧に書き写そうとするので，一文を書くだけでも相当時間がかかります。ゆっくりと待って指導したいところですが，作業時間に個人差があると，授業の流れを止めてしまうことにもなります。

　書く前の段階として，タブレットで文字や文字つきイラストを並べ替える作業を入れると抵抗なく取り組みやすいです。時間がかからず手軽にたくさん文を作ることができますし，間違っても，すぐに修正ができます。この活動で語順や文構造に気づき，次の書く活動につなげることができます。

　ICT を使った指導のメリットとして，「試行錯誤」がしやすいことと，「学習条件を揃える」ことがあげられます。児童にとっては，カードを並べ替えるだけなので，間違えても何度も挑戦できる気軽さがあり，指導者にとっては，書くのに時間がかかる児童も，カードを並べ替えたものを参考に書き写すことで効率的に学習でき，学習進度の調整がしやすくなります。

文を書いてはみたけれど，なんだか自信がないなぁ……

文を書かせる前に，イラストや文字を並べ替えて文を作成する

話す活動を
取り入れた
英語 ICT 教材 &
アクティビティ
16

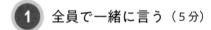

1 教室名言えるかゲーム

●学　　年　　3・4年
●英語表現　　教室名
●時　　間　　20分
●準 備 物　　絵カード

活動のねらい

> 　教室名をどのくらい言えるかを試す活動です。画面上に教室の絵が出てきて，枠の中に来た時に，教室名を次々に英語で言います。覚えていない教室名や言うのが難しい教室名などを繰り返し言って，教室名を定着させることができます。

手順

1　全員で一緒に言う（5分）

　赤枠の中に教室のイラストが全部入ったタイミングで言う。みんなでタイミングを合わせながら言っていくことで，英語でなんと言うのかを考える時間が一瞬できる。

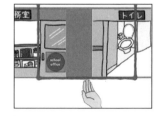

　T：What's this?
　C：昇降口。
　T：Yes. In English?　英語で言えるかな？
　C：Entrance.
　T：Good! That's right!（以下，テンポよく続ける）

2 ペアで，交互に言う（5分）

　先に言う人を決め，ペアで交互に言っていく。うまく言えない時は，協力して教え合いながら言えるように楽しむ。

　T：（A さんに）You say "entrance."

　　　（B さんに）You say "school office."

　C：交代で言うんだね。

3 教室名を分担して言う（5分）

　○○ office と言う人と，○○ room と言う人と，その他を言う人を決める。分担して言うことで，すらすら言えるようになり，office/room という言い方の違いに気づくことができる。

4 お気に入りの教室のところだけ言う（5分）

　自分のお気に入りの教室・場所を一つ決める。その教室・場所が出てきたらそこだけ言う。声がたくさん揃う教室とシーンとする教室，たった一人だけ言う教室などを知ることができて楽しく活動できる。

　T：What is your favorite room? I like the playground.

　C：I like the library.

　T：OK. じゃ，自分の好きな場所だけ言ってみよう。いくつ言ってもいいよ。

　C：え～，どれにしようかな。

Point
　　　教室名は，16個程度の英語名を覚えることになり，そのまま覚えようとしても難しく感じます。次々に迫ってくる教室名を言う，協力して言う，みんなで分担して言う，自分で選んだところだけ言う，などいろいろなアレンジで，エラーを楽しみながら言うことが大切です。

2 おもち数字ゲーム①

- ●学　　年　　3・4年
- ●英語表現　　数字
- ●時　　間　　15分
- ●準 備 物　　絵カード

活動のねらい

> まずは13〜19までの数字を言う活動です。児童にとって，13から19は teen という音の響きが続いていることはなんとなく捉えることができます。ただし，13と30，14と40など thirteen と thirty, fourteen と forty は，区別がつきにくくてややこしい数字に思えます。これを動作で楽しんで表現するうちに区別がしっかりついて覚えるようになります。

手順

1 全員で一緒におもちを伸ばす動作で言う（5分）

teen の部分を伸ばすように誇張します。その時に，おもちを両手で持って横に引っ張って伸ばすような動作をします。最初は，わざと長く伸ばすようにして，thirteeeeeeeeeen のようなイメージで楽しみます。

T ：（13を見せて）What number is this?

C ：サーティー。

T ：Thirty or thirteeeeeeeen?（引っ張るジ

ェスチャーで）

C：Thirteeeeeeeen?（引っ張るジェスチャーを真似して）

2 全員でおもちを切る動作で言う（5分）

20〜90の数字の語尾で ty のところでおもちの両端をチョキンとハサミで
切る動作で言っていく。

T：（30を見せて）Thirty.（チョキンと切るジェ
スチャーで）

C：Thirty.（チョキンと切るジェスチャーを真
似して）

3 ペアで交互に言う（5分）

先に言う人を決め，ペアで交互に13〜20の数字を，おもちを伸ばす動作で
言っていく。最後に20（twenty）を一緒に言う。twenty の時は，ハサミで
両端をチョキンと切る動作をする。最後に2人で一緒に twenty を揃えて言
うところを楽しむ。

T：You are "-teeeeeeeen."（引っ張るジェスチャー）

C："-teeeeeeeen."

T：You are "〜ty."（チョキンと切るジェスチャー）

C："〜ty."

T：最後の twenty は2人で同時に言ってね。

Point
13と30は，聞き取りにくくどっちの数字を言っているのかがわかり
にくいのですが，動作をつけて言うことで相手に伝わりやすくなります。教
師が見本を見せる時は，teen よりも ty の語尾は急降下するように一気に下
げて発音して聞かせると，児童にはわかりやすくなります。

3 おもち数字ゲーム②

- ●学　　年　　３・４年
- ●英語表現　　数字
- ●時　　間　　20分
- ●準 備 物　　絵カード

活動のねらい

13〜19までの数字を言う活動の続きです。児童にとって，11以上の数字は，何度繰り返しても，なかなか定着が難しいものです。だからといって，機械的に繰り返しても飽きてしまいます。身体を動かしながら「イメージで」英語を覚えることは，他の語彙の学習でも有効な方法の一つです。

手順

1 teen と ty に分かれて言う（5分）

13と30，14と40，15と50のように交互に言うようにする。クラスを半分に分け，teen グループと ty グループにして動作をつけながら言っていく。中央から左右に分けたり，隣の列で分けたり，班ごとに分けたりして，グループの一体感が生まれる中で動作を楽しむ。

T：OK. You are in "-teeen" group.（引っ張るジェスチャーで）

C："-teeen."（引っ張るジェスチャーを真似して）

T：You are in "〜ty" group.（チョキンと切るジェスチャーで）

C：“〜ty.”（チョキンと切るジェスチャーを真似して）

＊途中で，グループ編成を変えて，何度か実施する。

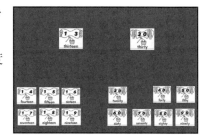

2 どっちを言ったかを ALT が判定する（5分）

13と30を提示し，どっちを言ったか判定する。ALT は後ろ向きに立ち，13と30のカードを持つ。挑戦者は，13か30のどちらかの数字を決める。動作をつけて数字を言う。ALT は聞こえた数字のカードを上げる。

T：Mark 先生が13か30か判定してくれます。

T：Who wants to try?　誰かやってくれないかな？　13 or 30?

C：Let me try!　やりたいです。

3 どっちを言ったかを翻訳アプリが判定する（10分）

13と30を提示し，どちらかを英語で言う。翻訳アプリが声を英語で表示し正しく表記が出るかどうか，判定を楽しむ。

T：今度は，翻訳アプリに挑戦しよう！

T：Please try, 13 or 30. Who wants to try?

C：Let me try!　面白そう！

> **Point**
> 翻訳アプリは，かなり精度が上がっています。様々なアプリがあるので，児童が扱いやすいものを探してみましょう。大切なのは，あまり正確性だけを求めすぎないことです。中学年の児童に，楽しみながら英語の音に慣れ親しませることが重要だからです。

4 太陽であいさつゲーム

●学　　年　　3・4年
●英語表現　　あいさつ
●時　　間　　30分
●準 備 物　　絵カード

活動のねらい

　朝，昼，午後，夕方，夜のあいさつをする活動です。太陽の位置を見て，あいさつを変えます。太陽や空，月をタッチすると，朝 "Good morning, everyone." 昼 "Hello, class." 午後 "Good afternoon." 夕方 "Good evening, everyone." 夜 "Good night, everyone." と音声が流れます。覚えていないあいさつや言い方が難しいあいさつなどを太陽や月の位置で場面を確認しながら活動できます。

手順

1 担任の先生にあいさつ（5分）

　太陽の位置を見てあいさつの音声を聞いたら担任の名前を言ってあいさつを返す。発音や抑揚を真似しながらみんなで合わせて言う。

　T：（太陽をタッチ）"Good morning, everyone."

　C：Good morning, ○○ *sensei.*

T：（太陽をタッチ）“Good afternoon.”

C：Good afternoon, ○○ *sensei*.

② 先生を変えてあいさつ（10分）

保健室の先生や校長先生など児童に身近な教師の名前や写真などのカードを並べ，あいさつをするという設定にする。1人の教師のカード選んで提示し，その教師の名前であいさつを返す。

T：（校長先生のカードを提示する）（太陽をタッチ）“Good morning, everyone.”

C：Good morning *Kocho sensei*.

T：（太陽をタッチ）“Good afternoon.”

C：Good afternoon, *Kocho sensei*.

T：（他の教師のカードでも同様に行う）

③ 音声を消してあいさつ（5分）

モニターやプロジェクターの音声を消して太陽の位置を提示する。ペアになって太陽の位置を見てあいさつをする。あいさつは「先にした方が，気持ちがよい」と話す。太陽の位置を見て早く反応してあいさつをする。

④ 音楽が止まったらあいさつ（10分）

あいさつの歌やチャンツの曲を流す。曲に合わせて歩く。歩いている時に太陽の位置をいろいろ変えていく。曲が止まったら，太陽の位置を見て近くの人とあいさつをする。

Point
聴き慣れているあいさつもありますが，発音や抑揚をよく聞いて真似をしながら発話してほしいので，音声を聞いた直後に発話させることが大切です。教師の名前や太陽の位置などの考える要素を入れることで飽きずに取り組めます。慣れてきたら，音声を消して発話させる活動にしていきます。

5 How are you? インタビュー

●学　　年　　３・４年
●英語表現　　気分の表現
●時　　間　　30分
●準　備　物　　絵カード

活動のねらい

　いろいろな気分の表現を話す活動です。いろいろな場面や状況を設定することで，元気，嬉しい，眠い，お腹が空いている，疲れている，喉が渇いている，悲しい，怒っているなど，「その時だったら自分の気分はこれかな」と言いたい表現が変わります。

手順

1 How are you? インタビュー（10分）

　場面カード「４月最初の教室」「４時間目」「誕生日」「休み時間」「給食」「体育」「６時間目」「テストで100点」「テストで30点」「友達とケンカ」「50m 走」などを準備する。場面カードを提示し，その時の気分を "How are you?" と尋ね，タブレットで顔をタッチして気分の顔を選んで音声を聞いた直後に "I'm ○○." と答える。ペアなら交互に答える。グループの場合は順番に言っていく。場面カードは児童に追加で作らせても楽しい。

2 シークレットプレゼント（飲み物編）(10分)

　黒板に "I'm thirsty." の顔イラストを貼る。児童は，"Here you are." と言いながら飲み物を渡す動作をする。教師はそれが気に入ったら "I'm happy." と答え，あまり飲みたくないものなら "No, thank you." と答える。

T ： It's hot day.（暑そうな表情）I'm thirsty.

C ： Here you are.（飲み物を渡す動作をする）

T & C ： Thank you. / You're welcome.

T ： What's this?

C ： It's orange juice.

T ： Oh, No, thank you. I'm on a diet now.

＊活動に慣れたら，教師の役を代表児童にさせる。

3 シークレットプレゼント（食べ物編）(10分)

食べ物編。もらった時の表情や，反応を大げさにやると盛り上がる。

T ：（腹ぺこのジェスチャー）I'm very hungry.

C ： Here you are.（食べ物を渡す動作をする）

T & C ： Thank you. / You're welcome.

T ： What's this?

C ： It's a very big hamburger.（世界一大きいハンバーガーです）

T ： Oh, I'm very happy.（喜んで食べるジェスチャー）

＊ sad, sleepy などに変えても面白い。慣れたら児童に教師役をさせる。

Point 　気分の表現は，比較的に言いやすいものが多く覚えやすいです。様々な状況や場面を想像させて，それに合う気分の言い方を素早く答えられるように繰り返し練習するのによい活動です。

6 お話で How are you?

●学　　年　　3・4年
●英語表現　　気分の表現
●時　　間　　25分
●準 備 物　　絵カード

活動のねらい

　いろいろな気分の表現を童話のイメージで覚えて話す活動です。いろいろな童話の場面や状況を話すことで，元気，嬉しい，眠い，お腹が空いている，暑い，寒い，喉が渇いている，悲しい，怒っているなど，その時の気分を，イラストに合わせて言いたくなります。

手順

1 **どんな童話かな？**（10分）

　いろいろな物語のイラストを見せて，どんな童話でどんな場面で言っているのかを考えながら，気分を言う。シンデレラなら，ガラスの靴がぴったり合って嬉しいという場面を思い出させて"(She is) happy."の音声を聞いて言う。

＊「北風と太陽」（He is）hot.「シンデレラ」（She is）happy.「ウサギとカメ」（He is）sleepy./（He is）tired.「三匹のこぶた」（He is）hungry.「白雪姫」（She is）angry.「アラジンと魔法のランプ」（He is）surprised.「アリとキリギリス」（He is）cold.「きつねと葡萄」（He is）thirsty.「人魚姫」（She is）sad.（音声を聞いてから言うようにする）

T：How are you?（北風と太陽のイラストと音声 "(He is) hot." を聞かせる）

C：（太陽が出てきてコートが暑くなって）... hot.

T：How are you?（シンデレラのイラストと音声 "(She is) happy." を聞かせる）

C：（ガラスの靴がぴったりで）... happy.

2 元に戻って How are you?（15分）

チェーンゲームのように，前の言葉に，次の言葉を足して言っていく。何度も繰り返すうちに言い方を覚えていく。

T：（北風と太陽のイラストを提示する）

C：hot.

T：（シンデレラのイラストを提示した後，最初に戻って，順に言わせる）

C：hot. → happy.

T：（3つ目のイラストを提示した後，最初に戻って順に言わせる）

C：hot. → happy. → sleepy.

T：（4つ目のイラストを提示し，最初に戻って順に言わせていく）

C：hot. → happy. → sleepy. → hungry.

＊間違えたら，全員で確認し，次は最初から再開する。

Point 童話のイラストのイメージと気分の表現をつなげながら，ゲーム感覚で言い慣れるようにします。最初に戻ってみんなで一緒に言っていくことで何度も聞いたり，言ったりして覚えることができます。間違えても，みんなで笑って許し合える。そんな雰囲気があたたかいクラスを育みます。

7 好きな色は？

● 学　　年　　3・4年
● 英語表現　　色
● 時　　間　　40分
● 準 備 物　　絵カード

活動のねらい

「好きな色は？」と言われても悩んでしまう子もいます。「好きなＴシャツの色は？」と言われると実際に着ている服のイメージが湧き，好みの色を答えやすくなります。I like（色）. を使って会話を楽しみながら覚えていきます。

手順

1　先生の好きなＴシャツの色は？（5分）

Ｔシャツのイラストを見せて，好きな色を選んで，音声を聞かせた後に言う。

T：先生に Do you like 〜? で質問をして好きな色を当ててください。

C：Do you like blue?

T：No, I don't.

C：Do you like black?

T：Yes, I do.　次に校長先生の好きなＴシャツも聞いてきました。先生が校長先生の代わりに答えます。

38

2 友達のＴシャツの色を予想しよう（20分）

いろいろな友達にインタビューをして，好きな色をチェックしていく。

インタビュー後，クラスで人気の
好きなＴシャツの色を予想する。

> Ｔ：クラスで人気のＴシャツ
> 　　の色をインタビューして調
> 　　べましょう。好きな色に印
> 　　をつけましょう。

Ｃ１：Do you like black?

Ｃ２：No, I don't.

Ｃ１：Do you like orange?

Ｃ２：Yes, I do.（好きな色に印をつける）

3 クラスで一番人気の色を予想しよう（15分）

Ｔ：クラスで人気のＴシャツの色は何色でしょう？

Ｃ：light blue かな？

Ｔ：先生が Do you like light blue? と言ったら，light blue が好きな人は，
　　Yes, I do. と言って立ってください。

＊順番に色を聞いていき，一番人気を決める。

Point

　"Do you like green?" と尋ねると Yes./ No. だけで答える児童が多い
です。"Yes, I do." や "No, I don't." と，文で答えるように意識させます。予想
が当たらないと，いろいろな色を繰り返し言うので自然に覚えます。言い方
がわからない時は，タブレットで音声を聞いて確認できます。

8 好きな折り紙の色は？

●学　　年　　３・４年
●英語表現　　色
●時　　間　　25分
●準 備 物　　絵カード

活動のねらい

> 　好きな色を考える時，具体的な場面をいろいろ提示すると色を選びやすくなったり，好きな色が変わったりします。児童に身近な折り紙は，作るものによって好きな色が変わったりします。折り紙で作るものをイメージして好みの色を選ばせながら，I like（色）. の表現を覚えていきます。

手順

1 折り鶴は何色？（5分）

T：What color do you like, C 1 ?
　　折り鶴を作るなら，何色が好き？

C 1：（タブレットで色の確認をしてから）
　　I like pink.

T：Good. What color do you like,C 2 ?

C 2：（タブレットで色の確認をしてから）
　　I like yellow.

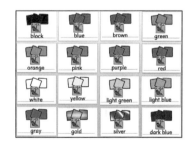

T：みんなで千羽鶴を作るとしたら，何色が好き？

C：（それぞれが，思い思いの色の名前を言う）

2 輪飾りは何色が好き？（10分）

　教室を飾る輪飾りを作るとしたら何色が好きかを尋ね合う。1色でもいいし，何色かを組み合わせてもよい。

T：What color do you like, C 1 ?

　　教室を折り紙の輪飾りで飾ります。

　　1色でもいいし，2色を組み合わせても
　　いいです。

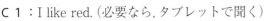

C 1：I like red.（必要なら，タブレットで聞く）

T：Nice color. What color do you like, C 2 ?

C 2：I like blue and orange.

T：Good answer. グループのみんなにも聞いてみよう。

C 3：What color do you like?

C 4：I like light blue and yellow.

3 好きな色の理由を聞く（発展）（10分）

発展的課題として，なぜその色が好きか，理由を尋ねる。

C：I like blue and yellow.

T：Why?　どうしてその色が好きなの？

C：I like peace. 平和が好きだから。

　　（英語で言えない時は，日本語でもよい）

> **Point**
> 　"What color do you like?" の質問に，"I like～." と文で答えます。自分ならこの色がいい，とこだわりを持たせると "I like～." を使って積極的に言うようになります。折り紙で作るものを，「七夕飾りだったら？」「手裏剣だったら？」と，いろいろなものを作りながら，色を選ぶことを楽しめます。

9 ジェスチャーゲーム

●学　　年　　3・4年
●英語表現　　ジェスチャー
●時　　間　　30分
●準 備 物　　絵カード

活動のねらい

　ジェスチャーを伴った英語表現を覚える活動です。ジェスチャーを覚えると英語での言い方が少しわからなくても相手に伝えることができます。実際にジェスチャーをしながら音声と結びつけていき，発音を真似をして言いながら覚えましょう。

手順

1 追いかけジェスチャー（先生と）(10分)

　最初は教師と行う。タブレットの音声を聞いた直後にジェスチャーをしながら発音を真似して言う。はじめはゆっくり，慣れたらテンポを速くする。順番に言っていき，最後の "Give me five." でハイファイブするのが楽しい。

　T：Are you ready？（タブレットをモニターやスクリーンに映す）
　C：Yes, I'm ready.
　T："Come here."（タブレットをタッチする）

C：Come here.（言いながらジェスチャーをする）

② 追いかけジェスチャー（友達と）(10分)

次は，ペアやグループで行う。誰か1人がリーダーとなり，タブレットをタッチする。はじめはゆっくり，慣れたらテンポを速く行う。順番に言っていき，最後の“Give me five.”で全員揃ってハイファイブする。

C1：Are you ready?

C2：Yes, I'm ready.

C1："Come here."（タブレットをタッチする）

C2：Come here.（言いながらジェスチャーをする）

③ ジェスチャーマッチ (10分)

タブレット役とジェスチャー役の児童を決める。次に，互いにジェスチャーを選び，「3，2，1！」の合図の後に，タブレット役はタッチして音声を流し，ジェスチャー役はジェスチャーをしながら英語表現を言う。2人が一致するかどうかを楽しむ活動。一致したら，ハイファイブする。

C1：Are you ready?（タブレットのイラストを選んでおく）

C2：Yes, I'm ready.（ジェスチャーを選んで決めておく）

C1：3，2，1!

C1 & 2：Come here. / I don't know.
（音声を再生して，ジェスチャーする）

C2：残念。再チャレンジ。

＊2人が一致するまで続ける。

Point
テンポを速くすると間違えやすくなります。そして向かい合っていると，互いのジェスチャーが違っていたりして笑いが起きます。なかなかジェスチャーは一致しませんが，揃った時には笑顔になります。間違いを楽しみながら音声とジェスチャーを覚えていくところがポイントです。

10 好きなものインタビューゲーム

●学　　年　　3・4年
●英語表現　　好きなものの表現
●時　　間　　30分
●準 備 物　　絵カード

活動のねらい

> 好きなものを聞かれた時，さっと答えられるようにするのは，大人でもなかなか難しいものです。しかし，「人生は選択の連続」と言われます。リストの中から，さっと選んで答えられる練習をしましょう。

手順

 Do you like? インタビュー（先生と）（5分）

　最初は先生と行う。タブレットで好きなものシートを見ながらインタビューする。"Yes, I do./No, I don't." で答える。テンポよく，たくさんやり取りをする。

　T：Do you like a red T-shirt ?

　C：No, I don't.

　T：Do you like grapes?

　C：Yes, I do. / No, I don't.

2　Do you like? インタビュー（友達と）（10分）

　ペアかグループで行う。誰か1人，リーダーとなり "Do you like ○○ ？" とインタビューする。グループの場合は，"Me too." の表現も使って答える。イラストに○×をつけたり，印をつけたりしながらたくさんインタビューをする。

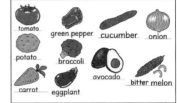

C 1：Do you like tuna ?

C 2：No, I don't.

C 1：Do you like sea urchins?

C 2：Yes, I do.（他の児童：Me, too.）

＊リーダーを交代しながら，繰り返しやり取りを行う。

3　What ○○ do you like? インタビュー（15分）

　ペアやグループで行う。色，フルーツ，野菜，寿司，スポーツのカテゴリーを選んで，"What ○○ do you like?" の表現を使ってインタビューをする。タブレットのイラストを見て，"I like ○○ ." と答える。

　　T：What color do you like ?

　　C：I like green.（タブレットのイラストの中から選んで言う）

　　T：What sport do you like ?

　　C 1：I like baseball.

　　C 2：I like watching soccer.（観るのが好きと言いたい子もいる）

Point　好きなものを尋ねるとすぐに答えられずに悩んでしまう子もいます。そんな時，タブレットにリストがあると決めやすくなります。「これからも英語で質問されることが多いから，すぐに答えられるように練習しよう」と話しておくとテンポよく答えられるようになります。タブレット画面は，印をつけたり書き込んだり消したりしやすいので，積極的に活用しましょう。

11 曜日ゲーム

●学　　年　　3・4年
●英語表現　　曜日
●時　　間　　25分
●準 備 物　　絵カード

活動のねらい

　曜日の英語表現を覚える活動です。曜日の言い方は，授業のはじめのあいさつなどで，毎週繰り返し言っているのですが，なかなか定着が難しいものです。タブレットの音声を聞きながら，繰り返し，楽しく覚えましょう。

手順

1　それ何曜日？（10分）

　人気のテレビ番組のある日，燃えるゴミを出す日，体育のある日，給食でカレーがある日，など児童に身近で答えたくなる曜日を質問して答える。

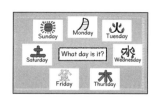

　T：（「サザエさん」の絵を見せて）

　　　What day is it? Is it Monday?

　C：No!

　T：（同様のやり取りを，何度か行った後に）What day is it?

　C：It's Sunday.

2 メモリーチェーンゲーム（15分）

　7人が前に並んでメモリーチェーンゲームをする。1番の児童は，月曜日に何を食べたかを言う。2番の児童は火曜日に食べたものを言う。すぐに1番の児童に戻って Monday,（食べ物），Tuesday,（食べ物）. と順にみんなで言っていく。これを繰り返し，最後に全部記憶して言えるかどうかに挑戦する。

　　　T：Let's play Memory Chain Game. 今週食べたものを順番に言いましょう！

　C1：Monday, *gyoza*.（1番目の児童）

　　　T：Oh, you ate *gyoza* on Monday.

　C2：Tuesday, hamburg steak.（2番目の児童）

　　　T：Monday, *gyoza*, Tuesday, hamburg steak.（言い直すように促す）

　C2：Monday, *gyoza*, Tuesday, hamburg steak.

　　　T：Good!　前の人の食べたものに付け加えて言いましょう。

　C3：Wednesday, *ramen*.（3番目の児童）

　　　T：Monday, *gyoza*, Tuesday, hamburg steak, Wednesday, *ramen*.
　　　　　（言い直すように促す）

　C3：Monday, *gyoza*, Tuesday, hamburg steak, Wednesday, *ramen*.

＊これを繰り返して7人の食べ物を記憶させる。

　　　T：グループで順番にやってみよう！

＊4人グループで順番に言っていき，全員間違えずに言えたら座る。

Point 曜日は，歌などでよく覚えます。ただし，火曜日や木曜日など発音が覚えにくいものもあるので，繰り返し音声を聞かせて発音を真似させます。友達の食べ物を暗記する活動の中で，曜日の表現を何度も繰り返して練習することができます。まだ，十分に覚えられていない児童には，タブレットの音声ヒントを聞いて，確かめながら言うように指示します。

12 矢印ゲーム

●学　　年　　3・4年
●英語表現　　道案内
●時　　間　　15分
●準 備 物　　絵カード

活動のねらい

　矢印を見ながら，道案内の英語表現を覚える活動です。右や左の英語は児童にとって覚えにくいので，ジェスチャーをしながら体験的に覚えていくようにします。画面手前の方から矢印が進んでくるのが見えるので，right か left かを考えて，言うことができます。

手順

1 矢印の達人（3グループで挑戦）(5分)

　画面に次々に矢印が出てくる教材を使う。クラスを3グループに分けて右，左，前の分担を決める。矢印が輪の中に入ったら，それぞれに "Turn right." "Turn left." "Go straight." を言う。矢印が出てくるスピードは3段階ある。最初は発音を意識させ，ゆっくりの

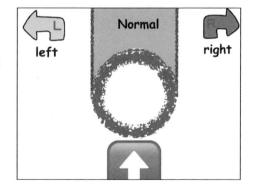

スピードから取り組ませ，慣れてきたらスピードを上げていく。

T：廊下側，真ん中，窓側の３グループに分けます。廊下側は Turn right.

手で動きをつけながら言います。

C：（手で動きをつけながら）Turn right.

T：窓側は（手で動きをつけて）Turn left.

C：（手で動きをつけながら）Turn left.

T：真ん中は（手で動きをつけて）Go straight.

C：（手で動きをつけながら）Go straight.

T：自分の矢印が輪の中に矢印が入ったら言いましょう。

T：よく聞いて発音に気をつけてね。

＊分担を替えて行う。

2 **矢印の達人（個人で挑戦）**（10分）

ゲーム「太鼓の達人」のように，矢印が輪の中に入ったら "Turn right." "Turn left." "Go straight." を言う。矢印が出てくるスピードは３段階ある。最初はゆっくりから取り組ませ，慣れたらレベルを上げていく。全体で一緒に取り組んだ後で，一人ひとりのタブレット PC で行う。

T：矢印の達人をします。まず Normal スピードで挑戦しましょう。

C：簡単だよ！（しばらく練習する）

T：レベルを上げましょう！　Fast レベルでやってみよう。

C：やってみたい！　面白そう！（しばらく練習する）

T：今度は一人ひとりのタブレット PC でやってみよう。

Point

　"Turn right." や "Turn left." はすぐに覚えるようになりますが，とっさに言うことは結構難しいです。全員一斉に言う活動だと，物足りなさや難しさを感じる児童がいます。１人１台端末を活用して，個別に取り組む活動を入れることで，楽しく定着を図ることができます。

13 フルーツパフェ

●学　　年　　3・4年
●英語表現　　何が欲しい？の表現
●時　　間　　45分
●準 備 物　　絵カード

活動のねらい

　パフェづくりを通して，欲しいものや数を尋ねたり，答えたりする表現を覚えます。そのためには，児童が選びたくなるような，リアルなフルーツやトッピングを提示することが大切です。フルーツパフェができあがっていく様子を楽しみながら会話表現を覚えることができます。

手順

1 先生パフェ（10分）

最初は，先生が児童とやり取りしながらパフェを作る。

　　T：What do you want?

C 1：I want strawberries.

　　T：OK. How many?

　　　　（How big? What color? など大きさや，色などを聞いてもよい）

C 1：Four, please.

　　T：OK. One, two, three, four.（他にも数名の児童ともやり取りして）

Here you are! Do you like this?

C 1 ：Yes, I do. Thank you very much.

2　友達パフェ（15分）

ペアになり，お客さん役（A）とパフェを作る役（B）を決める。Bはタブレット画面を見せないようにして，Aのためにパフェを作る。できあがったらBはAにタブレットを見せコメントをもらう。

C B ：What do you want?

C A ：I want cherries.

C B ：OK. How many?（How big? What color? など大きさや，色などを聞いてもよい）

C A ：Six, please.

　　　（完成したら）

C B ：Here you are! Do you like this?

C A ：Yes, I do. Thank you. Very cute!

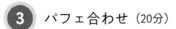

3　パフェ合わせ（20分）

AとBのペアになり，互いに画面を見せないように向かい合い，各自のタブレットでパフェを作る。相手が作りそうなパフェを想像しながらパフェを完成させる。できあがったらタブレットを見せ合い，どれくらい一致しているか確かめ合い，感想を交流する。

Point　最初は欲しいものをやり取りする表現をまだ覚えていない子もいるので，教師と行います。やり取りの表現に慣れたら，タブレット画面を見せずにやり取りをします。どんなパフェになっているかを楽しみにしながら，すてきな感想をもらえるように工夫します。最後は，お互いに見せないようにパフェを作り，どれくらい一致するのか楽しみながらやり取りをします。

14 クリスマスツリー

●学　　年　　3・4年
●英語表現　　何が欲しい？の表現
●時　　間　　35分
●準 備 物　　絵カード

活動のねらい

　クリスマスツリーを飾ることを通して，欲しいものや数を尋ねたり，答えたりする表現の定着をねらいます。自分が飾りたいオーナメントを選んで，欲しい飾りをやり取りする表現を身につけます。相手に飾り方を任せることで，どんな飾りつけになっているかが気になり，会話が楽しくなります。

手順

1 先生のクリスマスツリーを飾ろう（15分）

　先生（または ALT）に喜んでもらえるようにタブレットで飾りを動かしながらクリスマスツリーを作る。最後に "Here you are." と言ってタブレットを先生に渡す。先生は気に入ったクリスマスツリーを3つ選んで発表する。

　T：チャンツを聞きましょう。

（“What do you want?” を聞かせて止める）

C：What do you want?

T：A star, please.

C：How many?

T：One, please.

C：Anything else?

T：Two stockings, please.（以下，やり取りを続ける）

C：Is that all? Here you are.（渡す動作をする）

2 似ているクリスマスツリー（20分）

　ペアになって欲しい飾りを言う側とクリスマスツリーを飾る側を決める。互いに，タブレット画面を見せないようにして，やり取りをしながら同時にクリスマスツリーを飾る。できあがったらタブレットを交換する。2人のタブレットを並べてツリーがどこまで似ているかを見て楽しむ。

　　C1：What do you want?

　　C2：A star, please.

　　C1：Up? Down?

　　C2：Up.

　　C1：Right? Left? Center?

　　C2：Center.

　　C1：OK.（以下，やり取りを続ける）

C1 & 2：Here you are. Merry Christmas!

　　　　（互いに，タブレットを見せ合う）

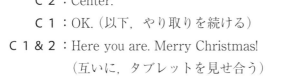

Point
　　　　クリスマスツリーの飾りつけを選ぶやり取りの会話をしながら，同時に飾りを動かすことで，具体物で確認しながら活動を進めることができます。後半の活動では，上，中央，下など位置を表す表現を教えて，より具体的に位置関係などについてもやり取りさせることができます。

15 フルーツサンド

- ●学　　年　　3・4年
- ●英語表現　　何が欲しい？の表現
- ●時　　間　　35分
- ●準 備 物　　絵カード

活動のねらい

> 　フルーツサンドを作ることを通して，欲しいものや数を尋ねたり，答えたりする表現の定着をねらいます。自分が思い描くフルーツサンドの断面にするために，欲しいフルーツをやり取りします。相手に飾り方を任せることで，どんな飾りつけになっているかが気になり会話が楽しくなります。

手順

1　先生のフルーツサンド（15分）

　教師（または ALT）に喜んでもらえるようにタブレットでフルーツを動かしながらフルーツサンドを作る。リクエストされたフルーツをサンドイッチに並べていく。できあがったら，最後に "Here you are." と言ってタブレットを教師に渡す動作をする。みんな

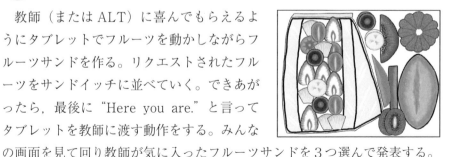

の画面を見て回り教師が気に入ったフルーツサンドを3つ選んで発表する。

T：チャンツを聞きましょう。（"What do you want?" を聞かせて止める）

C：What do you want?

T：A strawberry, please.

C：How many?

T：One, please.

C：Anything else?

T：Grapes, please. （以下，やり取りを繰り返す）

C：Is that all? Here you are!

2　おまかせフルーツサンド（20分）

ペアになって欲しい飾りを言う側とフルーツサンドを作る側を決める。互いにタブレット画面を見せないようにして，やり取りをしながらフルーツサンドの断面を飾る。できあがったらタブレットを "Here you are." と渡して，フルーツサンドを見せ合い感想を言う。

C1：What do you want ?

C2：Kiwi fruit, please.

C1：Large? Small?

C2：Two small, please.

C1：Up? Down?

＊クリスマスツリーの活動（p.52）と同様に，位置もやり取りする。

Point　フルーツサンドの飾りつけを相手に任せることで，どんな断面になっているかを楽しみにしながら，体験的にやり取りすることができます。また，断面に収まるように並べるため，large や small など大きさの表現を教えてやり取りをすると，使いたいのですぐに覚えることができます。クリスマスツリーの活動（p.52）の後で行うと，効果的です。

16 オリジナルピザ

●学　　年　3・4年
●英語表現　何が欲しい？の表現
●時　　間　35分
●準 備 物　絵カード

活動のねらい

　　ピザづくりを通して，欲しいものや数を尋ねたり，答えたりする表現の定着をねらいます。そのために，選びたくなるようなトッピングの具材を提示することが大切です。ピザができあがっていく様子を楽しみながらやり取りをすることができます。

手順

1　先生のピザを作ろう（15分）

　教師が気に入って選んでくれるようにタブレットで具材を動かしながらピザを作る。教師が欲しいトッピングをピザ生地にのせていく。できあがったら，最後に "Here you are." と言ってタブレットを教師に渡す動作をする。みんなの画面を見て回り教師が気に入ったピザを３つ選んで発表する。

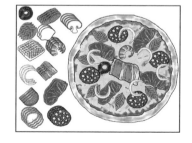

　C：What do you want?

T：Bacon, please.

C：How many?

T：Four (pieces), please.

C：Anything else?

T：Shrimp, please.

C：How many?

T：Three (pieces), please.（以下，やり取りを続ける）

C：Is that all?　Here you are.

2 センスで盛りつけピザ（20分）

ペアになって欲しい具材を言う側とピ
ザを作る側を決める。相手にタブレット
画面を見せないようにして，やり取りを
しながらピザを作る。できあがったらタ
ブレットを "Here you are." と渡し，相
手が "It's good." や "I like it." などとよ
い感想を言ってくれるかどうかを楽しむ。

C 1：What do you want?

C 2：Salami, please.

C 1：How many?

C 2：Four pieces, please.

C 1：Is that all? Here you are.

C 2：Thank you. I like this!

Point ピザの具材がたくさんあるので，「 ❶ 先生のピザを作ろう」のと
ころで，何度もやり取りして聞かせ，慣れ親しませます。また，ham や
salami 等の不可算名詞の数を表現する言い方にも，十分に慣れ親しませる必
要があります。

Chapter 02

聞く活動を
取り入れた
英語 ICT 教材 &
アクティビティ
16

1 誕生日を聞いてみよう

●学　年　　3・4年
●英語表現　誕生日
●時　間　　35分
●準備物　　絵カード

活動のねらい

　誕生月，生まれた時の季節，何日に生まれたのかをやり取りできるようにします。12か月と季節と日付は，タブレットで音声を聞きながら覚えていきます。友達が言った誕生日をタブレットでもう一度確かめることで，定着しやすくなります。タブレットの音声を「聞く」ことを大切にします。

手順

1 誕生日の季節は何？ （15分）

　生まれた時の季節は春夏秋冬のうちどれか，教室の四隅に集合し，お互いの誕生日を尋ね合う。言い方がわからない時には，タブレットの音声を聞いて確かめる。

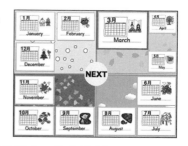

　　T：（春夏秋冬の英語を聞いて一緒に発話させる）

　　March, April, May. Here is spring. （教室の一角を示す）

June, July, August. Here is summer. （教室の一角を示す）

＊以降同様に季節を伝える。

T：When is your birthday?　What is the season? Move to your birthday season.

C：自分の誕生日のところに動くんだね。

T：Yes, that's right. Ready? Go slowly.
Please ask. When is your birthday?

C1：When is your birthday?

C2：My birthday is in May. （わからない時はタブレットで確かめる）

 2　バースデー・チェーン（20分）

次に，誕生日の日付まで尋ね合いながら，誕生日の早い順にチェーンのように輪になって並ぶ。日付が聞き取れない時は，タブレットで確かめながら聞き合う。

T：同じ季節の中で，生まれが早い順に並んでみましょう。

C1：When is your birthday?

C2：My birthday is April 23rd.

C1：（タブレットで確かめる）April 23rd ?

C2：Yes. When is your birthday?

C1：My birthday is April 19th.

C2：（タブレットで確かめる）April 19th ?

＊誕生日が早い順に並び替え，正しく並べたか確かめる。

Point
　12か月と季節と日付をすべて覚えるのはなかなか大変です。まずは自分の誕生日を言えるようにし，タブレットの音声を繰り返し聞いて確かめながら，友達の誕生日も聞き取れるようにします。

2　お日様とあいさつをしよう

- ●学　　年　　3・4年
- ●英語表現　　あいさつ
- ●時　　間　　15分
- ●準 備 物　　絵カード

活動のねらい

　朝，午後，夕方，夜のあいさつの表現に慣れ親しませます。太陽の位置と一緒にあいさつの英語表現を聞かせます。聞かせてジェスチャーで反応させることで，楽しみながら何度もあいさつの表現を聞かせることができ，中学年でも，場面や状況に合わせたあいさつの言い方がわかるようになります。

手順

1　あいさつで No, No, Yes!（5分）

　音声を聞いて，その時間帯のあいさつに合っていたら "Yes."，合わなかったら "No." と言う。"Yes." の時のジェスチャー（親指を立てる），"No." の時のジェスチャー（顔の前で手を左右に振る）などを決める。タブレットで太陽をタッチするとあいさつの音声が出る。英語をよく聞いて "Yes./No." を言いながらジェスチャーをする。

午前中の授業が多いので，教師は，わざと朝の太陽をタッチせずに他の時間のあいさつを何度も聞かせて反応させると定着させやすい。

T：今の時間と違うあいさつをしたら，No! と言って手を横に動かしてください。

　　　"Good night, everyone." （タブレットで音声を聞かせる）

C：No.（手を横に動かす）

T："Good evening, everyone." （タブレットで音声を聞かせる）

C：No.（手を横に動かす）

❷ あいさつでジェスチャー（10分）

　音声を聞いてあいさつのジェスチャーをする。まず，それぞれのあいさつのジェスチャーを決める。"Good morning." ならカーテンを開ける動作，"Hello." なら片手を挙げる動作，"Good night." なら電気を消す動作など，児童のアイデアも入れながら決めていく。児

童が考えた面白い動作を入れておくと，そのあいさつが聞こえた時の反応が楽しい。

T："Good morning, everyone." （タブレットで音声を聞かせる）

C：（カーテンを開ける）

T："Good night, everyone." （タブレットで音声を聞かせる）

C：（電気を消す）

Point　あいさつの表現は，授業で扱う時間帯であれば，"Good morning." や "Good afternoon." に限られます。タブレットの音声を聞かせ，ジェスチャーを入れることで，他の表現にも慣れ親しませることができます。

3 今日の気分は？

- ●学　　年　　3・4年
- ●英語表現　　いろいろな気分の表現
- ●時　　間　　25分
- ●準 備 物　　絵カード

活動のねらい

　いろいろな気分の表現を覚えます。顔のイラストをタップし，イラストが大きく提示されると同時に音声が流れるので，聞かせて反応させます。何度も聞くことで，気分の表現がわかるようになります。

手順

1 今の気分は？ How are you?（10分）

　今の気分に合っていたら手を挙げる。教師がタブレットをタッチして，顔のイラストと音声を聞いて，自分に合っていたら手を挙げる。慣れてきたら，「もし，4時間目だったら」「もし，休み時間の後だったら」など，場面や状況を設定して"How are you?"と尋ね，その時の気分を考えて手を挙げさせてもよい。

T："How are you?"（タブレットの音声を次々に聞かせる）

C：I'm sleepy.（眠い児童が手を挙げる）

T：もし，休み時間の後だったら？ "How are you?"

　　（タブレットの音声を次々に聞かせて手を挙げさせる）

C：I'm tired.（自分が考える気分のところで手を挙げる）

T：Oh, you are tired. Why? どうして？

C：鬼ごっこして疲れたよ。

 2　三位一体アクション（15分）

　タブレットの音声を聞いて3人で異なるジェスチャーを合わせて作り上げる。3人が横に並び，違うジェスチャーをする。例えば，"I'm hungry."の英語が聞こえたら，真ん中が両手をお腹に当てて腹ペコの動作，両脇が茶碗にご飯を盛る動作を同時に行う。同様に，"I'm sad."が聞こえたら，真ん中は泣く動作，両脇はハンカチをさっと差し出す動作をする。児童が考えた面白いジェスチャーを入れておくと，そのあいさつが聞こえた時の周りの反応が楽しい。

T："How are you?"（タブレットで次々に音声を聞かせる）

C：I'm hungry.

　　（**中央の児童**：お腹に手を当てる，**両脇の児童**：茶碗にご飯を盛る）

T："How are you?"（タブレットで次々に音声を聞かせる）

C：I'm thirsty.

　　（**中央の児童**：口にコップを当てる，**両脇の児童**：ペットボトルの蓋を開ける）

Point　簡単に思える英語表現でも，繰り返し音声を聞かせることを大切にします。ただ聞かせるだけでは飽きてしまうので，聞かせながら動作をする活動をすることで楽しみながら何度も聞く活動ができます。自分たちで考えた動作ならさらに関心が高くなります。

天気ゲーム

●学　　年　　3・4年
●英語表現　　天気
●時　　間　　25分
●準 備 物　　絵カード

活動のねらい

　天気のイラストをタッチして音声が流れるデジタル教材を使い，天気の言い方を繰り返し聞かせます。児童は，デジタル教材の音声を聞いて様々に反応します。いろいろな天気の表現を，繰り返し聞かせながら，耳に馴染ませていきます。

手順

1 天気で No, No, Yes!（10分）

　教師はデジタル教材の天気のイラストをタッチして音声を聞かせる。今日の天気に合っていたら，"Yes.", 合っていなかったら"No." のリアクションをさせる。"Yes." は親指を立てて Good! の動作や，両手で丸を作る動作，"No." は顔の前で手を横に振る動作や，両手で×を作る動作。最初は雪や嵐など，実際とは違う天気を聞かせて，最後に今日の天気を聞かせて "Yes." の反応をさせる。

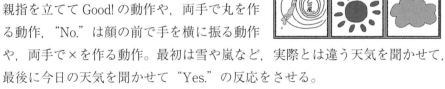

T：How is the weather today?（夏なのに雪をタッチして）"It's snowy."

C：No!（言いながらジェスチャーをする）

T：How is the weather today?（その時の天気のイラストをタッチして）"It's sunny."

C：Yes!（言いながらジェスチャーをする）

2 天気でジェスチャーゲーム（15分）

デジタル教材の天気の音声を聞いて，それに合ったジェスチャーをするゲーム。例えば，雨ならば傘をさす動作。晴れならば日焼け止めクリームを塗る動作など。天気に合わせ，児童にどんな動作がよいか尋ねて，アイデアを募集する。曇りは，もくもくと手を動かす動作とか，雪なら雪玉を作ってぶつける動作，嵐なら，窓を保護するために板を打ちつける動作や体でぐるぐる回る台風をイメージした動作などユニークなアイデアが出てくる。

T：It's rainy. みんなで，これに合うジェスチャーを考えてみて。

C1：傘を持つ動作は？（と言って実際にやってみる）

T：That's fine. いいね！　他の意見はあるかな？

C2：傘を広げる動作の方がわかりやすいよ？（と言って実際にやってみる）

T：Nice idea. いいね！　それもわかりやすいね。どの動作にしますか？

＊以下，意見を集約し，ジェスチャーを決める。

Point
天気は，身近な表現ですが，授業日のリアルな天気だと晴れ，曇り，雨だけの会話になりやすいです。いろいろな天気の表現を聞かせるために，わざと "No." となる反応を取り入れるところがポイントです。"No." という動作をしながら，想定外の天気を楽しむことで，すべての天気の表現を聞かせることができます。また，教師から動作を指示するだけでなく，児童のオリジナルのアイデアを取り入れることで，興味・関心がぐんと高まります。

聞く活動を取り入れた英語ICT教材＆アクティビティ16

5 What day is it? ゲーム

●学　　年　　3・4年
●英語表現　　曜日
●時　　間　　25分
●準 備 物　　絵カード

活動のねらい

　　曜日の表現を聞く活動です。火曜日や木曜日は児童にとって発音が難しく覚えにくいので，たくさん聞かせる活動を行います。特に英語の歌で覚えるのが効果的です。1週間の英語の歌は，種類がたくさんあるので，児童が好みそうな歌を選んで，聞かせながら何かをする活動をします。

手順

1　Day of the week の歌でクイズ（10分）

　歌の1番だけを聞かせる。その後に，"day" という言葉は何回出てきたか尋ねる。1週間の歌だから「7回」と答えるが，再度聞かせて確かめると実際は7回以上である。次に，「2回出てくる曜日は何曜日？」と尋ねる。デジタル教材で再度歌を聞いて，2回出てきた曜日を確かめる。

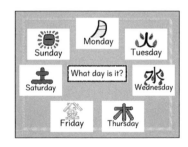

T：How many "days" did you hear?（指を折って数を数えるしぐさ）

C：Seven でしょう！

T：Really? Let's Listen again.（もう一度聞かせる）

C：あれ，9回じゃん？　もう一回聞かせてください。

＊主体的に何度も聞くことで，曜日の言い方が定着する。

2 何曜日に何を食べる？　メモリーチェーンゲーム（15分）

　1チーム7人以内でメモリーチェーンゲームを行う。7人を教室の前に一列に並ばせ，一人ひとりに曜日を割り当てる。児童に，自分の曜日に食べたものを1つ想起させ，準備をさせる。

　デジタル教材で "Sunday" を聞かせた後，最初の児童が食べたものを言う。次に "Monday" を聞かせ，2番目の児童が食べたものを言う。最初の児童に戻り，デジタル音声 "Sunday" →「食べたもの」，2番目の児童，デジタル音声 "Monday" →「食べたもの」，3番目の児童，デジタル音声 "Tuesday" →食べたものを言わせる。以降同様に，毎回，Sunday に戻りながら，4番目以降の児童が，曜日に食べたものを順に言う。

　7人全員が言い終わったら，デジタル音声を聞かせながら，日曜日から順番に食べたものを覚えているかどうか尋ねる。慣れてきたら，以下のようにアットランダムに曜日を押して音声を聞かせ，児童に答えさせてもよい。

　T：（曜日をアットランダムに押して）"Wednesday!"

　C：Spaghetti!

　T：Good! よく覚えているね！

Point　クイズを出すことで，もう一度聞いて確かめたくなり，繰り返し聞かせることができます。メモリーチェーンゲームは，記憶しながらデジタル音声を繰り返し聞いて覚えるところがポイントです。

聞く活動を取り入れた英語ICT教材＆アクティビティ16

6 色のキーワードゲーム

- ●学　　年　　3・4年
- ●英語表現　　色
- ●時　　間　　25分
- ●準 備 物　　絵カード

活動のねらい

　いろいろな色の表現を聞く活動です。色を提示して音声が流れるデジタル教材を使い，色と英語の音声を結びつけていきます。"What color do you like?" と尋ね，"I like ～（色）." と答える対の表現を，いろいろなタイプの活動を通して，繰り返し聞かせながら耳に馴染ませていきます。

手順

1 キーワードゲーム「消しゴム編」（5分）

　キーワードの色を黒板に提示する。ペアで机を向かい合わせにして座る。2人の間に消しゴムを置く。教師は，デジタル教材で色の音声を聞かせていく。児童は，おうむ返しで繰り返し，キーワードが聞こえたら消しゴムを取る。

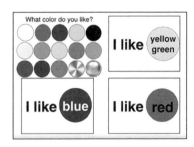

　バリエーションとして，連続で取っている人は消しゴムを相手に近づけて

置くというハンディを設定して挑戦させるのもよい。ゲームに慣れてきたら，児童が，"What color do you like?" と尋ね，教師が色の名前を答えるようにやり方を変える。

 キーワードゲーム「犬と骨編」（10分）

ペアで向かい合い，1人は右手をグーにして骨のイメージ，もう1人は，左手をパーにして犬の口をイメージし，犬の口に骨を近づけてゲームの準備をする。

キーワードが聞こえたら，犬役の人はパーの手のひらで相手の手をつかむ。骨役の人は，つかまらないように，素早く，グーの手を引っ込める。骨役の手の人がつかまれたり，少しでも手に触られたりすれば，犬に骨をかじられたことになり負けになる。

別バージョンとして，参加者が輪になって，隣り合った人が，グーとパーを出して行えば，グループやクラス全体で行うこともできる。

 キーワードゲーム「大仏と指編」（10分）

ペアとなり，大仏役の児童は，左手のひらを上に向けて机の上に置く。逃げる役の児童は，右手の人差し指を，大仏の手のひらの真ん中に立てる。キーワードが聞こえたら，大仏役は手を閉じる。逃げる役は，大仏の指に触られたら負け。別バージョンとして，参加者が輪になって座り，隣の人の左手に，右手の指を立てれば，グループやクラスで行うこともできる。

> **Point**
> キーワードゲームはよく知られているゲームですが，赤や紫，銀色や金色などは発音が難しいので，指導者の発声のテンポが悪くなることがあります。タブレットで音声を再生しながら行うと，発音を気にせずに行えます。また，勝ち負けの競争だけに児童の意識が向かうと，英語の活動ではなく，単なる遊びになりがちです。英語の音をしっかり聞いて，反応することを大切にするよう，中間指導や活動の方法にも工夫が必要です。

7 形ゲーム

●学　　年　　3・4年
●英語表現　　形
●時　　間　　10分
●準 備 物　　絵カード

活動のねらい

　いろいろな形の英語の言い方を聞く活動です。形を提示して音声が流れるデジタル教材を使い，形と音声を結びつけていきます。形の言い方は，指導する教師でも発音が難しいので，デジタル教材を活用して，正しい英語の発音やアクセントを繰り返し聞かせ耳に馴染ませていきます。

手順

1 ハートを叩かないで！（5分）

　黒板にハートの形を描く。「heart の時は手を叩かないでね」と指示をする。教師はデジタル教材をタッチして形の英語を聞かせる。児童は，heart 以外は手を叩く。heart の時にうっかり手を叩いてしまわないように，よく聞いて反応するようにさせる。

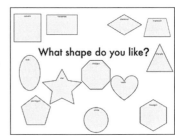

　　T："Heart" is a key word. heart の時は手を叩かないでね。

Are you ready? Circle.

C：Circle.（パンと手を叩く）

T：Diamond.

C：Diamond.（パンと手を叩く）

T：Heart.

C：Heart.（この時，手を叩いた人が負け）

2 ハートに拍手（5分）

1 の逆パターン。「heart の時だけ手を叩いてね」と指示をする。教師はデジタル教材をタッチして形の英語を聞かせる。児童は，heart 以外はリピートするのみ。heart の時に拍手を忘れて，うっかりリピートしてしまわないように，よく聞いて反応するようにさせる。

T："Heart" is a key word.

　　heart の時はリピートせず，手を叩くだけです。

　　Are you ready? "Star."

C：Star.（手を叩かない）

T："Rectangle."

C：Rectangle.（手を叩かない）

T："Heart."

C：Heart. あっ，間違えちゃった。

＊間違えた人が，先生役でタブレットにタッチするようにしてもよい。

Point 形は身近な英語の語彙ですが，英語の発音やイントネーションは児童にとっては難しいものが多いです。タブレットの音声を聞いた直後であれば耳に残っているので，真似をして言うことができます。「手を叩かない」「手を叩く」という身体反応を入れることで，音声に集中して聞かせることができ，繰り返し聞くことで正しい英語の音を覚えていきます。

8 いろいろゲーム①

●学　　年　　3・4年
●英語表現　　色
●時　　間　　40分
●準 備 物　　絵カード

活動のねらい

　いろいろな色の言い方を聞く活動です。色をタッチすると音声が流れるデジタル教材を使い，色と音声を結びつけていきます。色の表現は，日本語でも聞き慣れている語が多いですが，瞬時に聞いて判断できるまで繰り返し聞いて耳に馴染ませていきます。

手順

1 Tシャツの好みを当てよう（10分）

　ボランティアの児童1人がみんなの前に立ち，その子が好きなTシャツの色を予想して手を挙げる。教師は，デジタル教材をタッチして色の音声を聞かせる。児童は予想した色に手を挙げる。最後にボランティアの児童に好きな色を尋ねる。

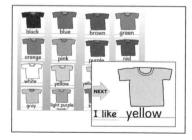

　　T：（手を挙げさせた後）C1さんに好きな色を聞いてみよう！
　　C：What color do you like, C1 *san*?

C 1：I like blue.

 この色が似合うと思うよ（15分）

　代表児童に似合いそうな T シャツの色をおすすめする。教師はデジタル教材をタッチして色の音声を聞かせる。他の児童は，代表児童に似合うと思う色に手を挙げる。教師は多く手が挙がった色の理由を聞く。最後に一番おすすめが多かった色の T シャツを着てみたいかどうか，代表児童に尋ねる。

　　T：（手を挙げさせた後）なぜ，ピンクを選んだの？

　C 1：C 2 さんの持ち物には，ピンクが多いからです。

　　T：なるほど。じゃ，C 2 さんに着てみたいか聞いてみよう。

　C 1：Do you like a pink T-shirt?

　C 2：Yes. I like a pink T-shirt.

 いろいろ探し（15分）

　まず，教師は，タブレットの色をいくつかタッチして児童に聞かせる。その後，児童が "What do you want?" と教師に尋ねる。教師が答えた「色＋もの」を教室の中で探して，児童が指をさすゲーム。

　　T："Red, yellow, green."（タブレットの色をタッチする）

　　C：What do you want?

　　T：I want bags.

　　C：えっと，red と yellow と green の色がある bags はどこだ？（それぞれのものを指さす）

Point 色の言い方をタブレットで聞いて，手を挙げさせることで，落ち着いた状態で音声を聞かせることができます。また，それぞれの好みを話題にし，パーソナルな部分に焦点を当てることは，活動に興味関心を高め，相互理解を深める上で大切なポイントです。

9 いろいろゲーム②

●学　　年　　3・4年
●英語表現　　色
●時　　間　　25分
●準 備 物　　絵カード

活動のねらい

> 　いろいろな色の表現を聞く活動です。折り紙の色をタッチして音声が流れるデジタル教材を使い，色と音声を結びつけていきます。また，小学校でよく使う輪飾りの折り紙の色を選ぶ場面や状況を設定し，いろいろな色から選ぶ中で繰り返し聞かせながら色の表現に慣れ親しませていきます。

手順

1 輪飾りを作ろう（10分）

　輪飾りを作るとしたら何色が好きか選ばせる。デジタル教材で順番に色の音声を聞かせて手を挙げさせていく。次に，「〇〇さんのお誕生日会で飾るとしたら何色にする？」と尋ね，手を挙げさせる。もう一度音声を聞かせ，音声の直後に一緒に言わせながら手を挙げさせ，多かった色の理由を聞く。実際に折り紙を使い，輪飾りを作って贈り合うのも楽しい。

　　T：Let's make a color ring for Maiko. どの色がいいか手を挙げてね。
　　　　"Red."

C：Yes.（他にも，いろいろな音声を聞かせ，手を挙げさせる）

T：C1, why did you choose red?

C1：だって，Maiko さん赤が似合うから。

 2 この色の折り紙なら何を作る？（15分）

　サイコロを振って，出た目の数だけデジタル教材の色の音声を聞かせる。「この色の折り紙を使って作れるものは何？」と聞き，児童に作れそうなものを発表させる。赤の折り紙なら，「丸く切って緑色のヘタを描いてトマト」「丸い三角に切って黒でたねと緑のヘタを描いてイチゴ」など。最初は，教師が実際に作って見本を見せながら行う。

　児童の考えが出たら，"Red is for tomatoes. Red is for strawberries." と文で言ってアイデアを聞かせる。児童がアイデアを考えている時に "Red, red, red." とタブレット音声を聞かせてシンキングタイムにする。

　　T：サイコロの目は2ですね。
　　　　（black, green を聞かせる）

　　C1：Black, green.
　　　　スイカだ！

　　T：Good idea.
　　　　（スイカを作って）Black and green is for a watermelon.

　　C2：Frog. カエルもできるよ！

black	blue	brown	green
orange	pink	purple	red
white	yellow	light green	light blue
gray	gold	silver	dark blue

Point 色の音声を聞かせるシンプルな活動ですが，考えさせながら繰り返し聞かせるのがポイントです。ただ聞かせているだけでは飽きてしまいます。「○○さんなら何色かな？　この色で何が作れるかな？」と考えながら色の音声を聞かせることでイメージと色の音声が結びついて覚えやすくなります。

10 いろいろゲーム③

●学　　年　　3・4年
●英語表現　　色
●時　　間　　25分
●準 備 物　　絵カード

活動のねらい

　いろいろな色の表現を聞く活動です。教師のデジタル教材と1人1台端末を使い，色と音声を結びつけていきます。教師側から音声を聞かせるだけではなく，児童側も自分で色の音声を聞いて確認しながら活動するところがポイントです。

手順

 1　先生の色を予想しよう（10分）

　教師がデジタル教材で音声を鳴らす。児童も自分の端末で同じ色をタッチして音声を鳴らす。教師がランダムに色の音声を鳴らし，"One, two." の合図で，児童はタイミングを揃えながらリズミカルにタッチする。慣れてきたら，端末の音声の後に発話させる（「教師の端末音声」→「児童の端末音声」→「児童の発話」）。

　オプションで，教師が好きな色を心の中で決める。児童はそれを予想して，"One, two." の後に全員同時に画面をタッチし，当たるかどうかを楽しむ。

　T：Please listen and touch.（教師はランダムに色をタッチする）

C：OK.（児童は，同じ色をタッチする）

T：Next, please listen, touch and say it.（教師は青色をタッチする）

C：OK.（児童は，青色をタッチして言う）Blue.

2 連想カラーゲーム（15分）

ペアやグループで，お題で示されたものの色を連想して一致させるゲーム。教師が「林檎で好きな色は？」などのお題を出す（英語でも，日本語でもよい）。児童は，色を決めたら，教師の号令のタイミングに合わせて"One, two."で画面をタッチ。音声を聞いた後，発話もさせる。画面を見せ合って一致したかどうかを楽しむ。お題の例としては，「好きなメダルの色は？」「好きなチューリップの色は？」「好きな熊の色は？」「好きな靴下の色は？」「好きな野菜の色は？」など。慣れてきたら児童にお題を出させてもよい。

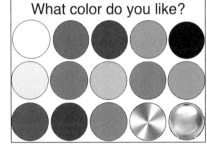

T：What color do you want for tulips? One, two.

C1：（赤を押して）Red.

C2：（黄色を押して）Yellow.

T：残念。Next. What color do you want for grapes?

Point 色の英語表現は簡単そうなイメージがありますが，レッドやイエローなどいわゆるカタカナ英語の発音になってしまうことが多いです。そこで，ネイティブ音声を聞かせることで，カタカナ英語との違いを意識させます。また，自分から色を画面で探して音声を繰り返し聞くことで，飽きずに何度でも，色の表現を聞いて覚えることができます。

11 童話でどの気分？

● 学　　年　　3・4年
● 英語表現　　いろいろな気分の表現
● 時　　間　　30分
● 準 備 物　　絵カード

活動のねらい

　いろいろな気分の表現を覚えます。童話の場面やイメージに合う気分の英語表現を聞かせます。童話のイラストが大きく提示されると同時に音声が流れるので，主人公の気持ちや気分を一緒に確認して，それに反応させる活動にします。何度も気分の表現を聞かせることで，覚えるようになります。

手順

 1 **この気分はどの物語？**（15分）

　まず，教師が童話の概要を英語で聞かせながらデジタル教材のイラストと音声も聞かせていく。次に，教師が気分の表現を言い，児童はデジタル教材の画面でその気分に合う物語を選びタッチする。教師はランダムに気分の表現を言い，児童はテンポよく端末をタ

ッチしてイラストを表示させて音声を聞く。最後に教師が答えを押して聞か
せる。慣れてきたら，児童に先生役をさせるのもよい。

  T：I can run fast. The turtle is very slow. "He is sleepy."

 C1：ウサギとカメだ！

  T：That's right. I'm a rabbit. "He is sleepy."

   （同様に，他の物語と気分の表現を聞かせた後に）

  T：なんのお話のことか，当ててね。"He is hungry."

 C2：桃太郎？

  T：Good guess. But this is not *Momotaro*. "He is hungry."

 C3：三匹のこぶた！

  T：That's right! I'm a wolf. "He is hungry."

2 ジェスチャーで How are you? （15分）

 教師が童話の場面のジェスチャーをする。児童は端末のイラストからどの
童話かを選んでデジタル教材の画面をタッチして音声を聞いてから発表する。
例えば，教師が靴を履いてぴったりでニコニコしている動作をする。児童は
それを見てシンデレラのイラストをタッチし，"She is happy." の音声を聞
いて発表する。慣れてきたら児童にジェスチャーする役をやってもらう。

  T：Please guess this story.（暑くて服を脱ぐジェスチャーをする）

  C：（「北風と太陽」を押して He is hot. を聞いてから発表する）

  T：Yes, you are right. I'm hot. I'll take off my coat.

Point 童話は，気分のイメージを想起しやすいので英語の表現を覚えやす
いです。そこにタブレットの音声を聞かせ英語とイメージを結びつけます。
イラスト，童話のストーリー，ジェスチャーとタブレットの音声を結びつけ
て聞くことで，場面に応じた英語の表現に慣れ親しませることができます。

12 What time is it? ゲーム

● 学　　年　　3・4年
● 英語表現　　時刻
● 時　　間　　30分
● 準 備 物　　絵カード

活動のねらい

> 　時刻の数字の英語は児童にとって身近でよく耳にする表現ですが，何度も繰り返して聞かせて正確な音声を聞き取れるようにします。また，外国語活動特有の表現の bed time や snack time，dream time などのイメージをイラストと音声を同時に表示し，慣れ親しませていきます。

手順

1　それは何時？クイズ （15分）

　教師は "It's dinner time." と言って dinner time の絵カードを提示する。次に，児童の夕食の時間を英語で尋ねる。デジタル教材で，時刻の音声を順番に聞かせ，児童は自分が夕食をとる時間に手を挙げる。同様に，wake up time や bed time，homework time なども行う。

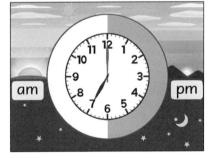

友達が何時に何をしているかを知る活動だが，プライバシーへの配慮は必要

である。慣れてきたら，デジタル音声の直後に児童に時刻を言わせてもよい。

　　T：It's dinner time.（絵カードを提示）

　　　　What time is dinner time for you?

　C１：晩ご飯を食べる時間？　６時かな？

　　T：Oh, It's 6 a.m. デジタルの音声を聞いて，自分の時間に手を挙げましょう。

２　それは何タイム？クイズ（15分）

　教師は，黒板に"○○ time"と書く。児童は"What time is it?"と教師に尋ねる。教師はある時間を答える。次に，デジタル教材の"○○ time"を聞かせて，なんの時間か予想をする。以下のようなヒントを与えてもよい。

　　T：（黒板に"○○ time"と書く）

　　C：What time is it?

　　T：It's 6 o'clock.

　C１：a.m. or p.m.?

　　T：It's 6 a.m.（デジタル教材の絵を順にクリックし聞かせる）

　C２：わかんない。Gesture, please!

　　T：（布団から起き上がるジェスチャーをする）

　C３：It's wake up time.

Point　数字の正しい発音が，日本語のワン・ツー・スリーとは違うということを意識させることが大切です。また，a.m. と p.m. はダラダラ説明するのではなく，状況をイラストと英語で説明し，児童が気づくようにします。また，○○ time という表現は，項目が多く児童にとって難しく感じるので，ジェスチャーと音声を結びつけることで覚えやすくなるよう工夫します。

13 教室ゲーム

●学　　年　　3・4年
●英語表現　　教室名
●時　　間　　20分
●準 備 物　　絵カード

活動のねらい

> 　学校内のいろいろな教室等の表現を聞く活動です。教室名はたくさんあり，"My favorite place is 〜." の表現も児童にとっては覚えにくいので，デジタルの音声を何度も繰り返して聞かせて音声を耳に馴染ませます。

手順

1 「せーの！」で指さしゲーム（10分）

　デジタル教材の教室名の音声を聞き，教師の合図で指さす活動。ペアや複数人で行う。教室が並んでいる教科書のページや右のようなシートを机に置く。教師はデジタル教材の教室名の音声を聞かせ，「せーの！」と号令をかけ，児童は教室を同時に指さす。

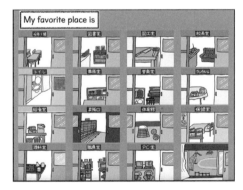

　「せーの！」の短いタイミングで瞬時に探して指さすのは難しいが，2人

で同時に指させると嬉しい。何度も音声を聞いて，友達と一緒に活動を繰り返すうちに揃ってくる。

T：Are you ready?

C：Yes!

T："Music room."（デジタル音声を再生する）→ せーの！

C：Music room. やったぁ，一緒だね！

 2 シーンゲーム（10分）

デジタルの音声に合わせ，児童は教室名を言っていく。教師はキーワードを決め，その部屋はテスト中，会議中などの部屋と決める。児童はその部屋の時は繰り返さず「シー！」と声を出さないようにする。

T：（黒板に理科室の絵カードを提示する）

　　This is a science room. We have a guest here.

　　（口に人差し指を立てて「シー！」のジェスチャーをする）

　　他の教室の時は，Repeat after the tablet.

　　"Music room."（デジタル教材の音声を再生する）

C：Music room.

＊以下同様に続ける。

T："Science room."（デジタル教材の音声を再生する）

C：シー！（人差し指を口に当てる）

Point キーワードゲームは，目の前にある消しゴムを取り合うゲームで知られていますが，消しゴムを取る行動を違う反応に置き換えることで活動の目的が変わります。一緒にタイミングを揃えることで一体感が生まれ協働的な雰囲気で楽しめます。また，キーワードで大騒ぎするのではなく，落ちついて静かにすることで，英語の音声をよく聞こうとする雰囲気をつくることもできます。

14 ブロッククイズ

- ●学　　年　　3・4年
- ●英語表現　　教室名
- ●時　　間　　20分
- ●準 備 物　　絵カード

活動のねらい

　チャンツを聞かせる活動です。チャンツは1，2回聞いただけでは，なかなか耳に残りません。そこで，ブロックで隠されたイラストが出てくるクイズを考えながらチャンツを聞かせます。「なんだろう？」と考えている時のシンキングタイムのBGMとして流すことでチャンツを覚えます。

手順

1 What's this? クイズ（10分）

　単元で使うチャンツをBGMで流しながら，ブロックで敷き詰められた画面を見せる。

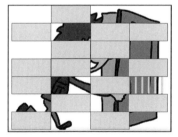

　教師は "What's this?" と尋ねながらクリックすると，数枚のブロックが外れて下に隠れているイラストが見えてくる。クリックするたびに，イラストが見えてきて，最後に児童が "It's 〇〇." とみんなで答える。いろいろなイラストを背景に準備し

て行う。例えば，教室を案内する単元なら，校長室のイラストをブロックの背面にセットして，その単元のチャンツを流して行う。

T：What's this?　（チャンツを流しながら，ブロックをクリック）

C：Science room?

T：Sorry. What's this?　（ブロックをクリック）

C：School principal's office.

T：Yes, that's right! Good job!

② 早押し What's this? クイズ（10分）

4，5人のチームで行う。チャンツをBGM
に使う。進め方は ① のクイズと同じだが，
回答権は1回しかなく，早い段階で答えると
高いポイントがもらえる。黒板にポイントを
提示し，チャンツを聞かせながら，回答にチ
ャレンジするかどうかをチームで相談させる。

T：What's this?（チャンツを流しながら，ブロックをクリック）

C：Yes!（回答にチャレンジ）

T：（挙手している○班を立たせる）8 point challenge!

C：It's a music room.

T：Music room?（クリックしてイラストを見せ，6点の回答に挑戦する
　　班を立たせる）

Point　チャンツだけを機械的に覚えさせようとすると，音やリズムに興
味・関心がない場合は，チャンツを受け入れないこともあります。クイズを
しながらBGMとして何度もチャンツを流して耳にすることで，児童はいつ
の間にかチャンツを口ずさむようになります。ゲームの答えを考えながら，
関連のあるチャンツを繰り返し聞かせるところがポイントです。

15 文房具ゲーム①

●学　　年　　3・4年
●英語表現　　文房具
●時　　間　　20分
●準 備 物　　絵カード

活動のねらい

　いろいろな文房具の表現を聞かせる活動です。たくさんの文房具があり，聞き慣れない表現の文房具もあるので，何度も聞かせる活動をして覚えます。手持ちのカードも使い，デジタル教材の音声を聞いて，「持っている／持っていない」という反応をしながら慣れ親しんでいきます。

手順

1 カードタッチで Yes, I do.（初級編）（10分）

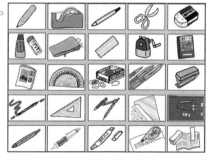

　教師は3枚の文房具カードを指定する。児童は文房具カードの中から机の上にその指定された3枚を手前に並べる。残りは別の場所に並べておく。教師はデジタル教材で音声を再生する。児童は，指定された3枚の文房具が聞こえたらカードをタッチしながら "Yes, I do.", 他の文

房具の音声なら "No, I don't." と言う。これをリズミカルにテンポよく進める。ゲームをしながら繰り返し言うので，みんなの声が揃ってくる。

   T：Choose the three cards. Notebook, glue and eraser. Are you ready?
      この３枚の文房具が聞こえたら Yes, I do. と言ってタッチします。
      その他の時は No, I don't. と言います。
      （タブレットを押して）"Pencil."
   C：No, I don't.
   T：（タブレットを押して）"Stapler."
   C：No, I don't.
   T：（タブレットを押して）"Glue."
   C：Yes, I do.（カードにタッチする）

＊慣れてきたら，指定するカードを増やして行う。

❷ カードタッチで Yes, I do.（上級編）(10分)

初級編に慣れてきたら，教師は指示を肉声で聞かせて，児童の間違いを誘うような聞かせ方をするとよい。最後までよく聞いていないと間違える。

   T：今度は，先生が言うからよく聞いて反応してね。
   C：OK.
   T：I have a glue.
   C：２本あるから，違うよ！

Point みんなで "Yes, I do." や "No, I don't." をテンポよく言わせるところがポイントです。３つのキーワードに "Yes, I do." と反応させることで指定された文房具に意識が集中します。キーワードではない文房具も，音声とイラストが同時に提示されるので，児童が覚えにくい stapler などの単語を何度も提示して，"No, I don't." と言いながら覚えることもできます。

16 文房具ゲーム②

- ●学　　年　　3・4年
- ●英語表現　　文房具
- ●時　　間　　35分
- ●準 備 物　　絵カード

活動のねらい

いろいろな文房具の表現を聞かせる活動の続編です。同じような活動でも，「聞く目的」を考えて，いろいろな活動にアレンジしてみましょう。ポイントは前回と同じで，タブレットの音声を繰り返し聞かせて，正しい英語の音に慣れ親しませることです。

手順

1　5カードゲーム（15分）

児童は5枚の文房具カードを自分で選んで手に広げて持つ。教師が"Do you have …."に続けてデジタル教材で文房具の音声をランダムに再生していく。児童は手元にその文房具カードがあれば"Yes, I do."と言ってカードを机の上に出す。手元になかった児童は"No, I don't."と言う。教師は，途中で"How many cards do you have?"と尋ね

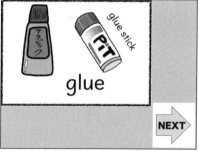

て，枚数チェックをする。カードがなくなった児童が数名出たところで，別のカードを指定して２回戦を行う。

T：Choose five cards. 好きなカードを選んでね。

C：OK. I'm ready.

T：（デジタル教材をタッチして）Do you have a (stapler) ?

C：Yes, I do. / No, I don't.

＊以下，同様に繰り返す。

T：How many cards do you have?

C：Three cards. / No cards.

T：OK. Let's play again.

②　カード並べゲーム（20分）

　教師は，"I have …."の後に何枚かの文房具のカードをタッチして音声を聞かせる。児童は，教師の"Go!"の合図で，"I have a pen, a ruler …."のように，言われたものを思い出しながらカードを並べていく。最初は２〜３枚くらいから始め，慣れてきたら枚数を増やすとよい。

T：I have a (pen, ruler, eraser) .（タッチして聞かせて）Go!

C：I have a pen, …. あれ？　One more time, please.

T：OK. I have a (pen, ruler, eraser) .（タッチして聞かせて）Go!

C：I have a pen, a ruler and an eraser.

＊以下，カードを増やして繰り返す。

Point
　ここでは，「聞く」活動なので，文房具名を言わせるのではなく，"Yes, I do. / No, I don't." で反応させるところがポイントです。教師と全員で行うカードゲームのような感覚で，楽しみながら，文房具の表現を何度も繰り返し聞かせることを意識します。

Chapter 03

読む活動を
取り入れた
英語 ICT 教材 &
アクティビティ
8

1 名前を紹介しよう

- ●学　　年　　5・6年
- ●英語表現　　アルファベット
- ●時　　間　　25分
- ●準 備 物　　絵カード

活動のねらい

　4月の自己紹介の場面で自分の名前を伝え合う時に使います。アルファベットを聞き取って，それをタブレット上に並べることで名前を伝え合う活動です。文字を並べながら，友達と確認をしたり教え合ったりして，アルファベットを聞いて選ぶ活動は，読む活動の基礎となります。

手順

1 名前を教えて（先生と）（10分）

　最初は，教師と児童でやり取りの流れを示し，タブレットを使ったカードの並べ替えの方法を説明する。

T：My name is Shigeto. Please call me Shige.

C：Shige?

T：Yes. S, H, I, G, E. （カードを並べながら）

C：S, H, I, G, E. SHIGE.

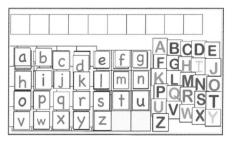

Ｔ：Yes. Shige. Nice to meet you.

＊カードは，大文字だけでも，小文字も入れてもよい。

❷ 名前を教えて（友達と）(15分)

❶ の活動に十分慣れたら，ペアになって，友達同士で，名前のスペリングを紹介し合う。自分の本名でもよいし，ニックネームなど，自分が呼んでほしい名前でもよい。相手にわかりやすいように，丁寧に伝え合う。

Ｔ：だいぶ慣れてきたので，今度はペアで名前を伝え合います。

Ｃ：友達の名前は知っているよ。

Ｔ：タブレットで，スペリングも紹介してね。

Ｃ１：Hello. My name is Hiroyuki.

Ｃ２：Hello, Hiroyuki.

Ｃ１：Please call me Hiro.

Ｃ２：Hiro? How do you spell your name?

Ｃ１：H, I, R, O. HIRO.
（タブレットにアルファベットを並べて見せる）

Ｃ２：H, I, R, O. HIRO.（必ず一緒に読む）
Nice to meet you.

Ｃ１：Nice to meet you, too.

＊相手を替えて，何度も行う。５年生はイニシャルで行ってもよい。

> **Point**　名前のスペルを聞き取ってすぐに理解するのは大人でも難しいものです。実際にアルファベットの文字を並べる活動があると，聞き取れない時にもう一度聞き返したり，確認したりできます。相手の理解を確かめながら，名前を丁寧に伝え合う活動を通じて，仲間の存在を大切にする気持ちだけでなく，アルファベットを「読む」活動にもなります。

2 アルファベットの色の秘密①

●学　　年　　5・6年
●英語表現　　アルファベット
●時　　間　　10〜15分
●準 備 物　　絵カード

活動のねらい

　アルファベットを読む活動です。児童は ABC などのアルファベットを中学年から読んだり，使ったりしていますが，より正しい発音を意識させることをねらいます。アルファベットを発音のグループで色分けをして，感覚的に覚えていきます。

手順

1　この色はどんな仲間でしょう？（10〜15分）

　デジタル教材で，アルファベットの文字が，色ごとに動いて移動し並べ替えられる様子を見せる。「この色はなぜ一緒の色なのでしょう？」「この色には秘密があります。秘密を探っていきましょう」と投げかけ，みんなで考えていく。

　まずオレンジ色の「AHJK」を取り上げ，読み方を確認していく。「A」の読み方の音声を聞かせ，「エー」ではなく「エイ」と読んでいる発音の違いに気づかせる。「A H J K」は「エイ」の仲間だということを確認する。

同様に，他のアルファベットの色を取り上げていく。

T：アルファベットを見てください。

　　なぜ色が違うのでしょう？　この色はなぜ一緒なのでしょう？

　　この色には秘密があります。秘密を探っていきましょう。

T：アルファベットをよく見ていてください。（デジタル教材をクリック）

　　（色ごとにアルファベットが移動する）

C：動いた！

T：AもHもJもKもオレンジ色です。なぜ同じオレンジ色なのでしょ
　　う？

C：わかんない。

手の動きをつけてエイと言う。
（手の指の先を下に下げる動き）

T：読んでみるとわかるよ。

C：エー，エッチ，ジェー，ケー。

T：英語の発音をもう一度聞いてみよう。

　　（デジタル教材で音声を聞かせる。手の動きをつけ

　　て違いに気づかせる）

C：エイ，エイチ，ジェイ，ケイ。

T：エーではなく，エイ。エッチではなくてエイチ。

　　ジェーではなくてジェイ，ケーではなくてケイ。

C：全部エイに似ている。

T：そうです。オレンジ色は，エイという音の仲間です。

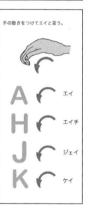

Point　アルファベットは歌で覚えて言えるようになります。しかし，正し
い発音にはなっていないことが多いです。これまで覚えてきた発音との違い
に気づくことでアルファベットの読み方が変わります。色によって仲間分け
をし，動作や絵のイメージで提示することで，印象深く覚えることができま
す。さらに，フォニックスの指導につなげることもできます。

3 アルファベットの色の秘密②

●学　　年　　5・6年
●英語表現　　アルファベット
●時　　間　　10〜15分
●準 備 物　　絵カード

活動のねらい

　アルファベットを読む活動の続きです。前回同様，アルファベットの発音グループに注目して，色分けの秘密を考えさせます。グループが何種類かあるので，少しずつ，復習もしながら丁寧に進めるのがコツです。発音の他にも，形などでもグループ分けが可能です。

手順

1 この色はどんな仲間でしょう？（続き）（10〜15分）

T：青い色のＢＣＤＥＧＰＴＶＺはどんな音の仲間かな？
　　声に出して読んでみましょう。

C：ビー，シー，ディー，イー……

T：デジタル教材で聞いてみよう。
　　（手の動きをつけて違いに気づかせる）

C：なんか「イー」って伸ばしてる。

T：そうです。青い色は，「イー」と伸ばす
　　音の仲間ですね。

手の動きを付けて、BCDE....を伸ばして言う。

B
BCDEGPTVZ

C：ビー，シー，ディー，イー……（デジタル音声の後に続いて読む）

T：赤い色のＦＬＭＮＳＸはどんな音の仲間かな？
　　声に出して読んでみよう。

C：エフ，エル，エム，エヌ，エス……
　　えー？　わかんない。

T：デジタル音声で聞いてみよう。
　　（デジタル教材で音声を聞かせる。手を
　　耳に当てて「エ」の次の音が聞こえにく
　　い動作をする）

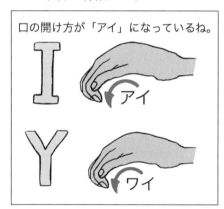

C：あー。「え？」って音だ。

T：そうです。赤い色は，「エ」っていう音が特徴だね。

口の形がとんがってる。
ひょっとこみたいに口をすぼめるね。

口の開け方が「アイ」になっているね。

他にも，Ｕ，Ｑ，Ｗのように「ユー」の音が入っているものや，Ｉ，Ｙの
ように「アイ」という音が入っているものなどに分類できる。児童に文字の
発音や，形などにしっかり注目させ，児童からの「気づき」を大切にすると
よい。

Point　他にも，アルファベットの形で分類する（線対称・点対称）ものや，
小文字の形が似ているものと違うものなどで分類するなど，児童が文字の形
をしっかり見て分類する様子などを取り上げ，紹介するとよいでしょう。

読む活動を取り入れた英語ＩＣＴ教材＆アクティビティ8

4 日常生活や宝物を紹介しよう

●学　　年　　5・6年
●英語表現　　住んでいる場所や学校名など
●時　　間　　25分
●準 備 物　　絵カード

活動のねらい

> 　日常生活や宝物を紹介する表現を読む活動です。住んでいる地域や通っている学校，普段することや宝物など身近なことを紹介する文を，音声で補助しながら読むことに挑戦させます。慣れてきたら，音声の補助なしで英文だけを見てすらすら読めるようにします。

手順

1 真似して読もう（初級編）(10分)

　教師がデジタル教材をクリックすると，英文の音声が流れる。児童は，途中の空白の箇所に自分の住んでいる地域名を入れて読む。同様に，自分の学校や，普段すること，宝物などを紹介する英文の空白の箇所に自分のことを入れて読む。

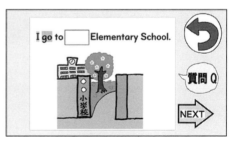

　モデルの音声を聞いた直後に真似をして言う。慣れてきたら，モデルの音

声と一緒に言うなど，練習方法を変えながら繰り返し読み，最後に音声なし
で，自分の力で英文を読めるようにする。

T："Where do you live?"（デジタル教材の質問音声を聞かせる）

C：岐阜市です。

T：I live in（ Gifu city ）in Japan.（教師が見本を聞かせる）
　　自分が住んでいる場所を入れて読んでみよう。

C：I live in（ Gifu city ）in Japan.（デジタル音声を聞いて言う）

2 真似して読もう（上級編）(15分)

デジタル教材の後に続いて言うの
は同じ手順だが，教師の "Read!"
の合図で，児童は英文を読む。デジ
タルの音声をしっかり聞かないとい
けないので，緊張感が生まれる。忘
れた人は，もう一度聞いてよいこと
にする。

T：先生が Read! って合図するまで，言ってはいけません。

C：（デジタルの音声を1回聞いて）難しそう。

T：（ちょっと間をあけて）Read!

C：I live in …. あれ？　なんだっけ……。

T：もう一度聞いてみてごらん。

Point
　　いきなり英文を読ませるのは難しいので，十分に音声に慣れ親しま
せてから英文を読みます。デジタル教材で音声を聞きながら，英文を読む活
動を繰り返します。デジタルの音声は速いので，はじめは空欄に入れて読も
うとすると難しく感じます。しかし，音声の補助があることで，何度も挑戦
するうちに，音声と英文が結びついていき，英文を読めるようになっていき
ます。

5 スノーボードの技で数字を読もう

●学　　年　5・6年
●英語表現　数字
●時　　間　10〜15分
●準　備　物　絵カード

活動のねらい

　スノーボードの回転技の数字を提示して，素早く技を読むようにします。ここでは，百の位の表現の他に，千の位を言わずに十の位で2つに区切る読み方にも慣れていきます。スノーボードの実況中継という設定にして，瞬時に技を言わなければならないという場面設定で楽しみながら数字を読めるようになることをねらいます。

手順

1 スノーボードの実況中継をしよう（10〜15分）

　スノーボードの技をクリックすると，数字が表示され英語の音声が流れる。540は five forty と読み，5と40に区切って読んでいることを確認する。他の技の数字を見せて音声を聞かせる。1260は twenty sixty と読み，12と60に区切って読んでいることを確認する。実況中継の設定で，次々に技が繰り出されるのを素早く伝える必要があるこ

とにする。いろいろな技の数字を見て音声を聞きながら，瞬時に数字を読むことを楽しむ。

T：スノーボードの実況アナウンスをやります。技の名前を覚えましょう。
（デジタル教材をクリック）"Three sixty."

C：Three sixty.

T：どんな読み方をしていましたか？

C：3を読んで，60を読むんだね。

T：That's right.（デジタル教材をクリック）
"Nine hundred."

C：Nine hundred.

T：100は"hundred"だね。
（デジタル教材をクリック）
"Twelve sixty."

C：Twelve sixty.

T：どんな読み方をしていましたか？

C：2つずつ区切って読むんだね。

T：Yes, that's right. では，スノボの実況中継に挑戦しよう。画面の数字が出たら，すぐに読んでみよう。

C：面白そう。

Point 数字を読むことは簡単そうに思えますが，パッと見てすぐに読むことは意外に難しいです。スノーボードの技の数字に置き換えることで，-teen と -ty, hundred などのいろいろな読み方の要素が入り，興味を持たせながら読むことができます。また，テンポよく提示する数字を切り替えていくと，繰り返し読むことができるのでよく覚えます。

6 ABC を並べて読んでみよう

● 学　　年　　5・6年
● 英語表現　　アルファベット
● 時　　間　　15分
● 準 備 物　　絵カード

活動のねらい

> 　アルファベットの「音読み」（エァ，ブ，ク，ドゥ）に触れる活動です。児童は，アルファベットというと「名前読み」（エイ，ビー，シー）に慣れています。両者の読み方との違いを意識させるために，授業で出会っている単語の文字に注目して，ローマ字とは違う英語独特の読み方を覚えていくことをねらいます。

手順

1　並べて読んで取り替えて！（15分）

　デジタル教材で，アルファベットの文字を並べて読む。教師は，既習の単語の中からいくつかの単語を選んで並べる。この時，イラストも提示するとわかりやすい。

　児童もタブレットで同じように文字を動かして，単語の読み方を推測する。さらに，似ている単語の文字をタブレットに並べて，推測して読ませる。一部の文字を取り替えて他の単語を作って

読ませることで，文字と発音の結びつきの決まりに気づかせる。

T：Put the four cards. f, i, n, e.

C：（カードをタブレット画面上に並べる）

T：Good. Read the word.

C：フィ……ネ……

T：Look at this picture. What's this?

C：fine.

T：Good! This is "fine."

OK. Take the "f" card, then put "n" card.

C：（fとnを入れ替える）

T：Read the word.

C：ニイ……じゃないナインだ！

T：（9の数字を見せて）That's right. This is nine.

T：Set the new cards. b, l, u, e.

What's this?

C：ブルエ……あっ，ブルー。

T：You are right. This is blue.

何か，読み方で気づいたことはありますか？

C：eは読まないんだ。

＊glueなど同様の手順で行う。

Point
児童は英語の単語を読む時にローマ字読みで読もうとして混乱します。しかし，いきなりフォニックスなどで読もうとしても，基本単語の中には例外的な読みをするものもあり難しいです。そこで，既習の単語でイラストを提示することで，読める単語を頼りに，「音韻認識」を育ててみましょう。

読む活動を取り入れた英語ICT教材&アクティビティ8

7 行ってみたい国を言ってみよう

- ●学　　年　　5・6年
- ●英語表現　　国名
- ●時　　間　　25分
- ●準 備 物　　絵カード

活動のねらい

　行ってみたい国の会話文を読む活動です。児童は，教師や友達と行きたい国についてやり取りを何度も行い，表現に慣れ親しんでいることが前提です。タブレットの音声を聞いた直後に真似をして言ったり，音声と一緒に真似して言ったりしながら文字を指で追い，徐々に読むことに慣れていきます。

手順

1 真似して言ってみよう（10分）

　音声で十分やり取りした，行ってみたい国についての会話文を，デジタル音声に続き発話させる。教師は画面をクリックし音声を流し，児童は指で会話文を追いながら聞き，音声の直後に真似をして言う。このように指追い読みをしながら，音声の直後に，抑揚やス

ピードをそっくり真似して言うことに挑戦させる。何度も練習して，読める

ようになったら，最後の画面では，会話文のみが表示されるので，英文だけを見てすらすら読めるか挑戦させる。

T：指追い読みで音声を聞いたら，すぐに自分で読んでみよう。

　"What country do you want to go to?"（クリックで音声が流れる）

C：What country do you want to go to?（指追い読みの後で言う）

T：Good. Next.

＊以下同様に続ける。

❷ 音声と一緒に言ってみよう（音追い読み）(15分)

❶ とよく似ているが，今回はタブレットのモデル音声の0.2秒後に，かぶせるように読む「シャドウイング」を行う。ボクシングのシャドウイングの練習のように，タブレットの音声のリズムやイントネーションをそのまま，すっかり真似て，繰り返し言うことを楽しむ。

T：音声をすっかり真似るように読みましょう。

　"What country do you want to go to?"

　（タブレットをクリックする）

C：What country do you want to go to?

　（0.2秒後に言う）

　なんか難しいな。

T：タブレットの0.2秒後に読むつもりで，音声の抑揚に合わせてみよう。

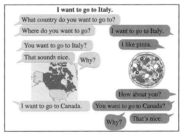

Point 多くの児童は，英文を読むことに難しさを感じます。英文が読めるためには，その英文の音声に十分に慣れ親しんでいる必要があります。最初は，イラストや文字を手がかりにして，音声を追いながら英文を読みます。何度も繰り返すうちに，少しずつ文字と音声が結びつき，読むことに自信がついてきます。一気にたくさん読むのではなく，毎回，少しずつ行いましょう。

8 食物連鎖①

- ●学　　年　　5・6年
- ●英語表現　　住んでいるところ・食べるものの表現
- ●時　　間　　15〜20分
- ●準 備 物　　絵カード

活動のねらい

　生きものが住んでいる場所と食べているものの英語を読む活動です。イラストを文の中に入れて視覚的に意味を確認しながら文を読ませます。～ live in ○○ . や ～ eat △△ . の表現に何度も繰り返し出会い，イラストのイメージで会話の音声に慣れてきたところで，スライドの英語の文章を読むことに挑戦させます。

手順

1　イラスト読みから文章読みへ（15〜20分）

　文の中にイラストを入れてあるスライドの文を見て，まず自分で言ってみる。ウミガメが暮らしているところを言うのは ～ live in ○○ . の表現であることを確認する。クリックすると英文の音声が流れる。音声の真似をして読む。

　次に，イラストの下の黄色い帯をクリックすると英文が表示されるので，

英文を読んでみる。読み方がわからない時は，イラストの画面に戻り，もう一度よく聞いてから読んでみる。

1　イラストを見て言う
2　音声を聞いて言う
3　文を見て言う

T：画面のイラストを見て言ってみよう。

C：Sea turtles live in the sea.
　（イラストと文を見て言う）

T：音声を聞いて真似をして言ってみよう。

C：Sea turtles live in the sea.
　（クリックして音声を聞いて言う）

T：英語を見て言ってみよう。

C：Sea turtles live in the sea.
　（英語を見て読む）

T：Good job.
　英語だけ見て読めるかな？

C：Where …?
　次はなんて読むんだっけ？

T：Listen again.
　タブレットで聞いてもいいよ。

C：Where do sea turtles live?
　（クリックして音声を聞いて読む）

Point　生きものの食べる，食べられる関係を表現する英文は同じパターンで繰り返されるので，タブレットを使って何度も音声を聞くことができます。もし，読み方がわからなくなった時はイラストや文字を手がかりにして音声を聞いて英文を読むことで，少しずつ自信を持って読めるようになります。
　「読むこと」の学習には時間がかかります。慌てず，何度も，「聞くこと」に戻って取り組むことで，徐々に音声と文字がつながってきます。

Chapter 04

書く活動を
取り入れた
英語 ICT 教材 &
アクティビティ
6

1 夏休みの思い出①

- ●学　　年　　5・6年
- ●英語表現　　過去形
- ●時　　間　　10〜15分
- ●準 備 物　　絵カード

活動のねらい

> 　児童は，夏休みに行った場所や楽しんだこと，食べたもの，感想など
> をタブレットで音声を何度も聞いて覚えます。そしてすらすら言えるよ
> うになった思い出の表現を文に書きます。タブレット画面には，イラス
> トと単語で文が提示されているので，それを見て書き写します。十分に
> 音声に慣れ親しんだ表現を書き写すところがポイントです。

手順

1 夏休みの思い出を書こう（10〜15分）

　デジタル教材で，夏休みに行った
ところを選んでタッチし，繰り返し
音声を聞いて覚える。イラストと単
語の画面を見て，読むことも繰り返
す。そして，読めるようになった表
現の英文を書き写す。タブレットの

画面を見ると，イラストと単語が文となって提示されている。その画面の文

を見て書き写す。

　これらを積み重ね，夏休みの思い出の英文を書いて完成させる。

　T：タブレットの音声の後に，自分に当てはまる人だけ言いましょう。
　　（イラストを順番にタッチし，音声を聞かせる）
　　"I went to the park. / I went the zoo. / I went to the mountain. ...."

　C：（自分に当てはまるものだけ言う）
　　I went to the park. / I went the zoo. / I went to the mountain. ....

　T：Good job!
　　次は，自分に当てはまる人だけなぞり書きしましょう。
　　（イラストを順番にタッチし，音声を聞かせる）
　　"I went to the park. / I went the zoo. / I went to the mountain. ...."

　C：（自分に当てはまるものだけ
　　なぞり書きする）
　　I went to the park. / I went
　　the zoo. / I went to the
　　mountain. ....

　T：次は，自分で音声を聞きながら，日記に丁寧に書きましょう。

　C：（音声を聞きながら，丁寧に書く）

　T：You did a good job!　最後は自分の書いた文を読みましょう。

　C：（各自読む）

04

書く活動を取り入れた英語ICT教材＆アクティビティ6

> **Point**　児童は英文を書くことに難しさを感じますが，書きたいという気持ちも強くあります。そのギャップを埋めるのが音声とイラスト（写真）と文字です。書こうとする英文の音声に十分に聞き慣れている状態で，目の前に単語が並んで提示され，まずはそれを書き写す作業を続けることが大切です。いきなり考えて英文を書かせるのではなく，教師のガイドで段階的に書くことに導きましょう。

2 おすすめの国を紹介しよう

●学　　年　　5・6年
●英語表現　　紹介する表現
●時　　間　　15～20分
●準 備 物　　絵カード

活動のねらい

> おすすめの国を紹介する表現を書く活動です。どの国がおすすめか，見どころや名物などを You can .... の表現を使いながら紹介する英文を書きます。スライドを参考に，国，見どころ，食べ物，感想などを書き入れて文を書き写すことができます。

手順

1　おすすめの国を紹介する（15～20分）

タブレットのイラストを動かして英文のスペースに入れて文章を完成させる。まず，最初に国旗，次に見どころ，そしておすすめの食べ物，最後に感想を添える。イラストは，デジタル教科書の絵辞典などからスクリーンショットで取り込んでもよい。英語表記があるイラストや写真を準備する。できあがったスライドの文を見ながらすらすら言える（読める）ようにする。最後に，スライドを見ながら文を書き写し，

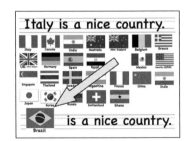

おすすめの国の紹介文を完成させる。

T：おすすめの国の国旗を選んで文の中に動かしましょう。

C：（国旗のイラストを動かして文に入れる）

　　Brazil is a nice country.

T：次に見どころのイラストや写真で文を作りましょう。

C：（見どころのイラストを動かして文に入れる）

　　You can see the Iguazu Falls.

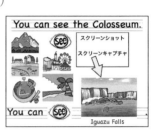

T：次におすすめの食べ物のスライドを作ります。

C：（食べ物のイラストを動かして文に入れる）

　　You can eat churrasco.

T：最後に感想のスライドを入れます。

C：（顔のイラストのスライドを入れる）

　　It is delicious.

T：タブレット見て言ってみましょう。

C：（書いた文を言ってみる）

T：画面を見ながら，紹介する文を書きましょう。

C：（画面の文をワークシートに書き写す）

Point

　　児童にとって，見本もなしで英文を書くのは難しいです。そこで，タブレットを使って，一文一文をイラストと英文で作って，自分が伝えたいことを表現させます。できたスライドで英文を読み，それを書き写すことで英文を書くことに取り組みやすくなります。

　　教師がすべてのイラストを準備することは大変なので，デジタル教科書の絵辞書や Web から（著作権に留意して）画像を取り込ませて，自分の伝えたいことを表現させることもできます。

書く活動を取り入れた英語ＩＣＴ教材＆アクティビティ6

3 夏休みの思い出②

- ●学　　年　　5・6年
- ●英語表現　　過去形
- ●時　　間　　15〜20分
- ●準 備 物　　絵カード

活動のねらい

> 　夏休みの思い出（過去形）を紹介する表現を書く活動の続きです。行ったところや楽しんだこと，食べたものや感想を紹介するためのメモを少しずつ書き足すイメージです。タブレットのイラストを選び，英文を完成させることで，それを見ながら書き写すことができます。

手順

1 夏休みの思い出を紹介しよう （15〜20分）

　デジタル教材のイラストを動かして英文のスペースに入れて文章を完成させる。まず，最初に夏休みに行ったところ。次に，楽しんだこと。そして食べたもの。最後に感想のイラストを動かして英文を作る。デジ

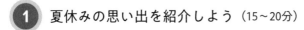

タル教科書の絵辞典などからスクリーンショットで取り込んでもよい。できあがったスライドの英文を見ながらすらすら言えるようにする。最後に，タ

ブレットの英文を見ながら書き写し，夏休みの紹介文を完成させる。

T：まず，夏休みに行ったところを選んで文の中に動かしましょう。

C：（夏休みに行ったところのイラストを動かして文に入れる）

I went to the beach.

T：次に楽しんだことを動かして文を作りましょう。

C：（楽しんだことのイラストを動かして文に入れる）

I enjoyed swimming.

T：次に食べたもののスライド を作ります。

C：（食べ物のイラストを動かし て文に入れる）

I ate shaved ice.

T：最後に感想の顔を動かして文を作ります。

C：（顔のイラストを動かして文に入れる）

It was fun.

T：夏休みの思い出紹介のために英文を書こう。

C：（スライドを見ながら，英文を書き写す）

T：夏休みの思い出紹介を読んでみよう。

C：（スライドを見ながら，英文を読む）

書く活動を取り入れた英語ーＩＣＴ教材＆アクティビティ6

> **Point**
>
> 小学校では児童に英文を書くことに楽しんで取り組ませたいものです。そこで，デジタル教材の思い出に関連するイラストから，夏休みの思い出を振り返りながら選ばせる活動をします。イラストを並べる作業に児童は楽しく取り組みます。
>
> イラストを並べるだけで文が完成し，それを書き写すことで英文を書くことができます。タブレットを使い，選んで，並べて，書き写すことで，児童に安心して英文を書くことに取り組ませることができます。

4 オリジナルカレーを紹介しよう①

●学　　年　　5・6年
●英語表現　　紹介する表現
●時　　間　　15〜20分
●準 備 物　　絵カード

活動のねらい

　普段食べているカレーやオリジナルで考えたカレーを紹介する表現を書く活動です。普段食べているカレー，食材の産地，食材の栄養グループなどを紹介する英文を書きます。デジタル教材のイラストを動かしながら作成した英文を見て，書き写すことができます。

手順

1 家のカレーを紹介しよう（15〜20分）

　普段食べているカレーを紹介する。最初のスライドでカレーの名前。次のスライドで食材の産地。最後のスライドで，食材の属する栄養グループのイラストを入れて英文を作る。

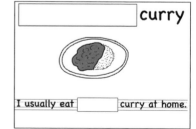

　イラストや写真はデジタル教科書の絵辞典やWebで探してスクリーンショットで画像を入れる。できあがったスライドの文字や英文を参考に，ワークシートに英文を書き写す。その後，書い

た英文を読み上げるようにする。

T：いつも食べているカレーを英語で言おう。

I usually eat（　　）curry at home.

C：（各自の家のカレーを言う）

T：次に食材についてスライドで作りま
す。

The（　　）is from（　　　）.

C：イラストを見ながらやればいいね。

（イラストを操作しながら英文を作る）

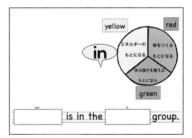

T：次に栄養素のスライドを作ります。

（　　）is in the（red / green / yellow）group.

C：家庭科で勉強したね。

（イラストを操作しながら英文を作る）

T：作成したスライドを見ながらカレーの紹介をしましょう。

C：（スライドを見ながら言う）

T：紹介する英文を書きましょう。

C：（スライドを見ながら英文を書き
写す）

T：英文を読みましょう。

C：（スライドを見ながら英文を読む）

Point

　オリジナルカレーは，紹介するためのいろいろな文を言えるように
しなければなりません。暗記をするというよりは，イラストや写真を動かし
ながらスライドを作り覚えていきます。

　児童は作成したスライドを順に提示しながら，順序立てて英語を話すこと
ができます。そして，スライドを見ながら英文を書き写し，段階的に英語を
書くことに慣れていきます。

04

書く活動を取り入れた英語ＩＣＴ教材＆アクティビティ6

119

5 オリジナルカレーを紹介しよう②

- ●学　　年　　5・6年
- ●英語表現　　紹介する表現
- ●時　　間　　15〜20分
- ●準 備 物　　絵カード

活動のねらい

　前回同様の方法で，お店のオリジナルカレーを紹介して書く活動です。カレーの名前，食材の産地，食材の栄養グループ，カレーの値段などを紹介する英文を書きます。デジタル教材のイラストを動かしながら作成した英文を見て，書き写すことができます。

手順

お店のカレーを紹介しよう（15〜20分）

　お店自慢のオリジナルカレーを作る。適宜取り込んだイラストを動かして英文のスペースに入れて文章を完成させる。カレーショップの店員とお客さんの役でカレーの紹介し，質問をしたり，答えたりする。まず，オリジナルカレーの名前。次のスライ

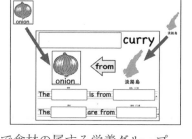

ドで食材の産地。そして，３番目のスライドで食材の属する栄養グループ。最後のスライドにカレーの値段を入れる。できあがったスライドのイラスト

や文字は，そのまま英文になっているので，それを見ながら書き写す。メモを見ながらオリジナルカレーを紹介する。

T：こだわりを持ったカレーの名前をつけてください。

C：（カレーの名前を□□□□に書く）

　スタミナ curry，ダイエット curry……

T：オリジナルカレーの名前を紹介しよう。

C：This is my（　　　　）curry.

T：次に食材の産地のスライドを作ります。

C：（各自イラストを動かして作る）

　The（　　　）is from（　　　）．

　The（　　　）are from（　　　）．

T：次に栄養グループのスライドを作ります。

C：（食材などのイラストや写真を入れる）

　（　　　　）is in the（red / green / yellow）group.

T：最後にカレーの値段のスライドを作ります。

C：（オリジナルカレーの値段を入れる）

　My curry is（　　　）yen.

T：画面を見ながら，英文を書き写しましょう。

C：（スライドを見て，紹介する英文を書き写す）

＊完成した英文を，お互いに読み合ってもよい。

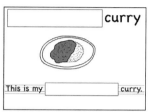

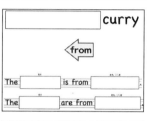

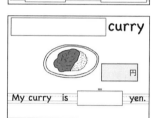

Point　児童が書きたいことを書かせるのは大切ですが，正確性を担保する必要があります。そのために，イラストを動かして英文に当てはめ，正確な英文を作りながら覚えていきます。また，書き溜めたスライドの順番を入れ替えたりしながら，話の流れを再構成して書くことができます。そして，紹介する時は，英文を読み上げるのではなく，自分の言葉で表現させましょう。

6 食物連鎖②

- ●学　　年　　5・6年
- ●英語表現　　住んでいるところ・食べるものの表現
- ●時　　間　　15〜20分
- ●準 備 物　　絵カード

活動のねらい

　動物の住んでいるところや，食べているものを書く活動です。食物連鎖を説明する中で，住んでいるところと食べているものの表現が繰り返し出てきます。スライドを見ながら書き写して説明のカードを作り，英文を書くことに慣れていきます。

手順

1　その生きもの，どこで暮らしている？（15〜20分）

　まず，生きものの住んでいる場所をやり取りするスライドを作る。次に，食べているものをやり取りするスライドを作る。著作権に留意して，デジタル教科書の絵辞典などからスクリーンショットで取り込んでもよい。この時，英語表記があるイラストや写真を準備

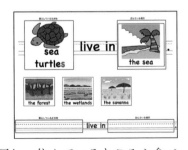

する。最後に，スライドを見ながら文を書き写し，住んでいるところや食べているものの文を完成させ，カードを見ながら読んだり，人に紹介したりす

る。

T：What's this? Yes. This is a sea turtle.
　　Where do sea turtles live?
　　（スライドでイラストを動かして文を
　　作る）

C：Sea.

T：Yes. Sea turtles live in the sea.
　　（スライドでイラストを動かして文を
　　作る）

C：Sea turtles live in the sea.

T：What do sea turtles eat?
　　（スライドでイラストを動かして文を
　　作る）

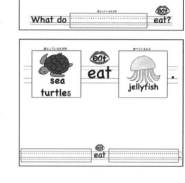

C：魚？　イカかな？

T：Sea turtles eat jellyfish.
　　（クラゲのイラストを動かして，文に入れる）

C：Sea turtles eat jellyfish.

T：完成したスライドを見て，書き写そう。

C：（スライドの文を書き写して，英語で紹介し合う）

T：（食べる，食べられるの関係を板書して）
　　This is called "a food chain." 日本語では「食物連鎖」だね。

Point
　　食物連鎖の英文は，考えながら同じ表現を繰り返し使うことで覚え
やすくなります。デジタル教材のスライドを使い，手軽に英文ができます。
できたスライドの文を書き写すことで英文を書くことに取り組みやすくなり
ます。いろいろな動物の食べる，食べられる関係を使い，食物連鎖に気づか
せます。食べ物のカードがつながり合うことで，「フードチェーン」になっ
ていることに気づかせます。

Chapter 05

発音＆綴りに慣れ親しむ英語 ICT 教材＆アクティビティ

4

1 -oo の綴りの英語を書こう

●学　　年　　5・6年
●英語表現　　-oo の綴りの単語
●時　　間　　10～15分
●準　備　物　　絵カード

活動のねらい

　-oo と綴る英単語を書く活動です。児童は，ローマ字の読み方に慣れていますが，英語の綴りはローマ字読みとは違うので，難しさを感じることがあります。ここでは，-oo が綴りに入っている単語を書きながら綴りや読み方を覚えていきます。

手順

1　**正拳突きで -oo**（10～15分）

　デジタル教材で，oo と空手のイラストを見せる。お腹にパンチの寸止めをされて「ウッ」と声が出た時。そして，当たらなかったのでほっとして力が少し抜け，「ウー」と声が出ているイラストであることを伝える。

　次に4線のワークシートに単語を書かせ，どちらの読み方になっているかを言わせる。例えば，book を書く。デジタル教材で提示し -oo の音を確認する。同様に，pool や room など馴染みのある単語を書きながら2つの読み

126

方の音の違いに気づけるようにする。

T：正拳突きされそうになって「ウッ」とお腹に力が入って声が出ています。
　　みんなも，思わず「ウッ」と出る声をやってみましょう。

C：「ウッ」

T：ギリギリで止めて，当たっていませんでした。
　　ほっと安心して「ウー」と伸ばす声をやってみよう。

C：「ウー」

T：ワークシートに book をなぞり書きしましょう。

C：（book をワークシートに書く）

T：これはどっちのイラストの音でしょう？

C：「ウッ」だ。

T：動きもつけてやってみよう。「ウッ」

C：「ウッ」（突きのポーズ）

T：今度は room をよく見て写し書きします。

C：（room をワークシートに書く）

T：これはどっちのイラストの音でしょう？

C：「ウー」だ。

T：動きもつけてやってみよう。「ウー」

C：「ウー」（安心した表情で）

＊同様に，wood, good, cool, food 等で行う。

Point アルファベットには名前と音があります。そして2文字で発する音（二重母音）もあります。児童に馴染みのある単語を取り上げることで，2つの oo の文字の発音の使い分けに興味を持ちながら，音と綴りの関係に気づきます。他にも -oo の言葉がないかと探すきっかけになります。

2 -ee の綴りの英語を書こう

- ●学　　年　　5・6年
- ●英語表現　　-ee の綴りの単語
- ●時　　間　　10〜15分
- ●準 備 物　　絵カード

活動のねらい

　-ee と綴る英単語を書く活動です。綴りに -ee がある英語もよく見かけるので，児童が興味を持ちやすいです。教科書などで使われて，児童がよく知っている単語を取り上げて，-ee 綴りと音の関係に興味を持たせ，少しずつ覚えていきます。

手順

1 -ee と声を出して（10〜15分）

　教師はデジタル教材で，-ee の顔のイラストを見せる。口を横に引っ張って「イーッ」と声を出しているイラストであることを伝える。そして，児童に４線のワークシートに単語を写し書きさせる。

　例えば，beef と書かせ，デジタル教材で音声を提示し，-ee のところが「イー」の音になっていることを確認する。同様に，cheese など馴染みのある単語を書きながら，音と綴りの関係を考えさ

せるようにする。

T：これはなんという単語でしょう？（beef を見せる）

C：べ……？　わかんない

T：タブレットで聞いてみよう。（タブレットをクリックする）

C：あー。ビーフだ。

T：Listen carefully.（再度，タブレットをクリックする）
　　イラストのように口を横に引っ張って「イーッ」とやって。
　　みんなも口を横に引っ張って，やってみましょう。

C：「イー」

T：（タブレットをクリックして）"beef."

C：beef.（口を引っ張りながら）

T：ワークシートに beef と写し書きしましょう。

C：（beef をワークシートに書く）

T：読んでみましょう。

C：beef.

T：OK. What is this?（cheese を指して）

C：チー……。あっcheese だ。

T：Good!

＊同様に，sweet, speed, meet 等を読んでみる。

Point　e はアルファベットで「イー」と読んでいるので，ee と 2 文字を並べて，口を横に引っ張るような顔のイラストと結びつけることで，伸ばす音になることがイメージしやすいです。児童に馴染みのある単語を提示し，ジェスチャーをしながら発音し，文字と綴りの関係に興味を持たせます。

3 -oa の綴りの英語を書こう

- ●学　　年　　5・6年
- ●英語表現　　-oa の綴りの単語
- ●時　　間　　10〜15分
- ●準 備 物　　絵カード

活動のねらい

> 　綴りに -oa がある英語はローマ字読みに慣れている児童にとって発音を間違えやすいです。しかし，小学校で扱う単語の中に -oa の単語があるので，まとめて提示するとわかりやすいです。教科書などで使われて，児童がよく知っている単語を取り上げて，-oa 綴りと音の関係に興味を持たせ，少しずつ覚えていきます。

手順

1 　-oa と声を出して（10〜15分）

　教師はデジタル教材で，-oa の顔のイラストを見せ，困った顔をして「オゥ！　ノゥ」と言う。「オー」ではなくて「オゥ！」を強調し，oa が「オゥ」と口を動かしながら声を出しているイラストであることを伝える。

　児童にも「オゥ！」の表情の真似をさせた上で，boat，coat など，-oa の綴りが入った単語をタブレットで提示し，正確な音を聞かせる。その後，児

童に4線のワークシートに，タブレットの文字を見ながら，単語を正確に写し書きさせる。

T：What's this？（boat の綴りを見せる）

C：ボアト……？

T：（タブレットをクリックする）

C：boat. あー，ボートだ。

T：（困った表情をして）
　　「オゥ！　ノゥ」の「オゥ！」だね。
　　みんなも真似して，やってみましょう。

C：「オゥ！」

T：（タブレットをクリックして）"boat."

C：boat.（「オゥ！」の音に気をつけて言う）

T：ワークシートに boat と写し書きしましょう。

C：（boat をワークシートに書く）

T：読んでみましょう。

C：boat.

T：OK. What is this?（coat を指して）

C：コアト……コゥトゥ……あっcoat だ。

T：Good!

＊同様に，toast, coat, goal 等を読んでみる。

Point　児童は oa をローマ字のように「オア」と読もうとします。日本語でも，「おとうさん」という言葉の中に「ト」「ウ」と2文字がくっついた音もあることを示すと納得します。

　練習する際は，児童に馴染みのある単語を提示し，ジェスチャーをしながら発音し，文字と綴りの関係に興味を持たせます。

4 -ea の綴りの英語を書こう

●学　　年　　5・6年
●英語表現　　-ea の綴りの単語
●時　　間　　10～15分
●準 備 物　　絵カード

活動のねらい

　-ea と綴る英単語を書く活動です。綴りに -ea がある英語もよく見られるので，児童が興味を持ちやすいです。教科書などで使われて，児童がよく知っている単語を取り上げて，-ea 綴りと音の関係に興味を持たせ，少しずつ覚えていきます。

手順

1　-ea と声を出して（10～15分）

　教師はデジタル教材で，-ea の顔のイラストを見せる。指で口の横を引っ張って「イー」と声を出しているイラストであることを伝える。そして，児童に4線のワークシートに単語を写し書きさせる。

　例えば，team と書かせ，デジタル教材で音声を提示し，-ea のところが「イー」の1つの音になっていることを確認する。同様に，seat や peach など馴染みの

ある単語を書きながら，音と綴りの関係を考えさせるようにする。

T：これはなんという単語でしょう？（team を見せる）

C：テアム……？　わかんない。

T：タブレットで聞いてみよう。（タブレットをクリックする）

C：あー。チームだ。

T：Listen carefully.（再度，タブレットをクリックする）
　　イラストのように口を横に引っ張って「イー」とやって。
　　みんなも口を動かして，やってみましょう。

C：「イー」

T：（タブレットをクリックして）"team."

C：（口を横に引っ張りながら）team.

T：ワークシートに team と写し書きしましょう。

C：（team をワークシートに書く）

T：読んでみましょう。

C：team.

T：OK. What is this?（seat を指して）

C：セアトゥット……セゥトゥ…あっseat だ。

T：Good!

＊同様に，peach，beach，eat 等も行う。

> **Point** ea は，後ろにある a を指で隠して，e だけ見せながら横に引っ張る顔のイラストを見せることで，音をイメージさせやすくなります。児童に馴染みのある単語を提示し，ジェスチャーをしながら発音し，文字と綴りの関係に興味を持たせます。

おわりに

　令和3年1月に中央教育審議会から『「令和の日本型学校教育」の構築を目指して〜全ての子供たちの可能性を引き出す，個別最適な学びと，協働的な学びの実現〜（答申）』が公表されました。コロナショックで鮮明となった先行き不透明な時代の中で，日本型教育の価値として大切にすべき部分と，時代に合わせて変えていかねばならない部分が整理されました。その中でもICTは，「全ての子供たちの可能性を引き出す，個別最適な学びと，協働的な学び」を実現するためには必要不可欠であるとされ，これまでの実践とICTとを組み合わせることで様々な課題を解決し，教育の質の向上につなげていくことが必要であると提言されています。そこで本書は，ICTを活用した「個別最適な学び」「協働的な学び」を進めるために，具体的な教材と指導の手順を示し，指導上のポイントについて紹介しました。

　児童の「学び」は，本来一人ひとり，ユニークで個別なものです。さっさと課題を片づける子もいれば，じっくり時間をかけて課題に取り組む子もいます（時間の個別）。一人で取り組みたい子もいれば，誰かと一緒の方がサクサク進む子もいます（学習形態の個別）。映像を見たり，音声を聞いたりした方がわかりやすい子もいれば，文字を読んだり，書いたりする方が頭に残りやすい子もいます（認知スタイルの個別）。このように，「個別最適」といっても，様々な「学び」のタイプがあります。

　さらに，外国語の授業では，もっと音声を聞きたい，聞いて覚えたい，真似をして言いたいという「音声インプット」を児童は求めます。一人ひとりに対応した「音声インプット」を実現してくれるのがICT活用の授業です。児童は「デジタル・ネイティブ」です。私たち，大人が思うより，ずっとICTの使い方に慣れています。時には，児童に「自分たちで，学び方を工夫してみてごらん」とICTの学びのコントローラーを渡してあげることも大切です。

　もう一つ，ICTによって，学びの「時間や空間」に変化が生じています。

令和3年答申でも，発達の段階に応じ，ICTを活用しつつ，教師が対面指導と家庭や地域社会と連携した遠隔・オンライン教育とを使いこなし，個別最適な学びと協働的な学びを展開することの重要性について述べています。

ICTを活用することで，海外の学校や国内の他地域の児童と交流するチャンスがあれば，オンラインでつなぎ，自分たちの学校や町の様子を紹介する活動も簡単に行えます。外国語科の言語活動では，目的や場面，状況を明確に設定することが求められますが，ICTを使って時間や空間を超えることで，一人ひとりの児童にとって，意味のあるコミュニケーションの目的や場面，状況を設定することができます。

また，ICTを使うと，音声を録音することができます。自分が話す英語表現を聞いたり，友達が英語を話す様子を見たりしながら振り返ることができます。英語は難しいなぁと感じていた児童が，だんだんすらすら話せるようになり，自信を持って取り組むようになったり，上手に話す友達の様子を見てもっと頑張ろうと工夫したりして，自己調整しながら学習できます。

また，ICTを使うと，いつでも，どこでも学べます。休み時間に，ふと英語で伝えたい内容が浮かべば，ICTで調べて自分の表現に取り入れることもできます。家で自主学習をする時に，英語の言い方がわからなければ，本書で紹介した教材を使って，自分で言い慣れる練習をすることもできます。欠席して自宅で過ごさなければいけない時，教室に行かなくても自宅からオンラインでつなぎ，教室の友達とコミュニケーションをとることが可能です。

もちろん，ICTを使えば何もかも解決できるわけではありません。指導する先生と，学びの主体者である児童が，「どんな学びが必要なのか？」「学んだことを使ってどんなことをしていきたいのか？」を主体的で対話的に，深く問い続けることが大切です。

最後に，私がこれまで現場で少しずつ積み上げてきた実践に興味を持っていただき，一冊の本にまとめ上げるよう，粘り強く指導してくださった加藤拓由先生，明治図書の木山麻衣子さんに心より御礼申し上げます。

2023年8月   栄利滋人

【著者紹介】

加藤　拓由（かとう　ひろゆき）
岐阜聖徳学園大学准教授。1965年生まれ。愛知県出身。東京外国語大学中国語学科卒。東京都公立中学校，愛知県公立小中学校，インド・ムンバイ日本人学校等を経て，現職。小学校外国語教育が，学級の人間関係作りや，児童のコミュニケーション能力向上に高い効果があることに着目し，教員養成だけでなく，小中学校現場での実践研究にも積極的に取り組んでいる。また，児童・生徒が意欲的に学習に取り組むための「指導と評価の在り方」にも関心を持ち，研究に取り組んでいる。主な著書に，『クラスがまとまる！男女が仲良くなれる！小学校英語コミュニケーションゲーム100』『ペア・グループで盛り上がる！英語が大好きになる！小学校英語ゲーム＆アクティビティ80』（明治図書），『小学校外国語活動・外国語 とっておきの言語活動レシピ』（編著，明治図書），『すぐれた小学校英語授業』（一部執筆，研究社），『小学校英語「5領域」評価事例集』（編集協力，教育開発研究所）などがある。第四回国際言語教育賞児童英語教育部門受賞。

栄利　滋人（さかり　しげと）
宮城県仙台市立小学校教諭。宮城教育大学教職大学院高度教職実践専攻卒。2007年に英検研究助成実践部門で，ボストンの小学校と時差を乗り越えライブでネット交流を行う。PC画面にイラストを提示しながら会話を繰り返した。この実践で，ボストンの児童が話す英語を何度も聞いているうちに，ネイティブの音声を聞き取れるようになった児童の姿をきっかけに，小学校外国語のICT教材の開発に力を入れる。教職大学院在学中にWeb「小学校英語倉庫」を開設し，イラストや音声の出るオリジナルiPad用教材を開発公開する。現在はiPadとChromebook用オリジナル教材をWeb「小学校英語倉庫GIGA」で公開中。第4回教育実践・宮城教育大学賞受賞。『宮城教育大学附属・小学校英語教育センターにおける「小学校英語活動実践指導事例集」音声インプット中心の小学校英語活動の実践〜ICT活用のアクティビティー紹介（DVD）』（ジャパンライム）を担当。

小学校英語サポートBOOKS

英語が好きになる！楽しく話せる！
英語ICT教材＆アクティビティ50

2023年9月初版第1刷刊 ©著　者　加藤拓由・栄利滋人
発行者　藤　原　光　政
発行所　明治図書出版株式会社
http://www.meijitosho.co.jp
（企画）木山麻衣子（校正）丹治梨奈
〒114-0023　東京都北区滝野川7-46-1
振替00160-5-151318　電話03（5907）6702
ご注文窓口　電話03（5907）6668

＊検印省略　　　　　　組版所　広研印刷株式会社

もれなくクーポンがもらえる！読者アンケートはこちらから